TECHERS:
STORYTELLING DA TRANSFORMAÇÃO DIGITAL
Manual de Profissionais para Profissionais

TECHERS: STORYTELLING DA TRANSFORMAÇÃO DIGITAL
Manual de Profissionais para Profissionais

Adm. Dr. Edmir Kuazaqui (Organizador)
Me. Márcio Ribeiro da Fonseca

Revisão
Maria Ofélia da Costa

Impressão e Acabamento
Digitop Gráfica Editora

Direitos Reservados
Nenhuma parte pode ser duplicada ou
reproduzida sem expressa autorização do Editor.

sarvier

Sarvier Editora de Livros Médicos Ltda.
Rua Rita Joana de Sousa, nº 138 – Campo Belo
CEP 04601-060 – São Paulo – Brasil
Telefone (11) 5093-6966
sarvier@sarvier.com.br
www.sarvier.com.br

Dados Internacionais de Catalogação na Publicação (CIP)
(Câmara Brasileira do Livro, SP, Brasil)

Fonseca, Márcio Ribeiro da
  Techers : storytelling da transformação digital : manual de profissionais para profissionais / Márcio Ribeiro da Fonseca ; organização Edmir Kuazaqui. -- São Paulo, SP : Sarvier Editora, 2023.

  Bibliografia.
  ISBN 978-65-5686-036-7

  1. Inteligência de negócios 2. Sistemas de informação – Administração 3. Tecnologia da informação 4. Transformação digital I. Kuazaqui, Edmir. II. Título.

23-151950   CDD-658.4062

Índices para catálogo sistemático:

1. Transformação digital : Sistemas de informação
   empresarial : Administração 658.4062

Tábata Alves da Silva – Bibliotecária – CRB-8/9253

TECHERS:
STORYTELLING DA TRANSFORMAÇÃO DIGITAL
Manual de Profissionais para Profissionais

Adm. Dr. Edmir Kuazaqui (Organizador)
Me. Márcio Ribeiro da Fonseca

sarvier

Sumário

Agradecimentos 1

Storytellers 3

Prefácio I 5

Prefácio II 7

Prefácio III 9

Apresentação 11

Referências 17

Capítulo 1

Gestão Tradicional: A Era do Achismo 19

Introdução ao Tema 19

Como Era a Gestão na Empresa Tradicional 19

Por Que Ocorrem as Grandes Mudanças e Transformações? 21

    Disrupção 23

As Mudanças e os Benefícios Gerados Pelos Sistemas de Informação e Inteligência de Mercado 25

Transformação Digital 26

Especial: o Mundo Por Trás de Um Clique – Jakov Trofo Surjan 26

Conclusões 29

Questões Sobre o Capítulo 29

Estudo de Caso – *Insurtechs*: Promovendo a Transformação Digital no Setor de Seguros 29

Questões Sobre o Estudo de Caso 33

Referências 33

Capítulo 2

A Criação do BI: Inteligência de Negócios 35

Introdução ao Tema 35

O Que é Inteligência de Negócios? 35

Memória Competitiva 38

Learning curve 39

Inteligência Artificial 41

Especial: *Machine Learning vs. Deep Learning vs.* Inteligência Artificial 42

Conclusões 44

Questões Sobre o Capítulo 45

Estudo de Caso – o Desafio do Vestibular 100% *On-Line** 45

Questões Sobre o Estudo de Caso 49

Referências 49

Capítulo 3

Bem-Vindos ao Mundo Analítico 50

Introdução ao Tema 50

Big Data e o Mundo Analítico 50

Especial: Dados Como Referências Vivas 51

Internet of Things (Iot) 53

A Lei de Proteção de Dados 53

Compliance e Governança Corporativa 54

Fake news 55

Gestão da reputação digital 56

Conclusões 56

Questões Sobre o Capítulo 57

Estudo de Caso – Artificial na Saúde: o Pioneirismo do Hospital 9 de Julho Com Parceria da Microsoft 57

Questões Sobre o Estudo de Caso 60

Referências 60

Capítulo 4

**Escalonamento do Uso da Tecnologia
para a Criação de Novas Empresas**.. 62

    Introdução ao Tema... 62

    Os Pilares da Tecnologia na Administração 4.0............................... 62

        Oportunidades e desafios da Administração 4.0 65

    Novos Modelos de Empresas... 65

        Digital native enterprises (DNE)... 66

        Start-Ups 66

        Unicórnios.. 68

    Conclusões 69

    Questões Sobre o Capítulo... 69

    Estudo de Caso – *Franchising* Uma Rede de Transformação:
Explorando Redes de Clientes, Inovando e Adaptando
Propostas de Valor Durante a Pandemia... 69

    Questões Sobre o Estudo de Caso 73

    Referências.. 73

Capítulo 5

A Gestão de Empresas *Data Driven*.. 75

    Introdução ao Tema... 75

    Modelo de Negócios 75

    Sociedade 5.0 76

    Conceito de *Data Driven*... 77

    Diagnóstico, Implementação e Gestão *Data Driven* 78

    Conclusões 79

    Questões Sobre o Capítulo... 80

    Estudo de Caso – Orientação e Cultura *Data Driven*:
o Fenômeno Marvel... 80

    Questões Sobre o Estudo de Caso 81

    Referências.. 82

Capítulo 6

**A Transformação Digital Sob o Enfoque da Geografia
de Negócios e Relações Internacionais**.......................... 83

Introdução ao Tema.. 83

Grupo de Excelência em Relações Internacionais e
Comércio Exterior do Conselho Regional de Administração
de São Paulo (Gerice/Crasp) 84

Internacionalização e Desenvolvimento Econômico 85

Relações e Geografia de Negócios Internacionais 85

Tecnologia da Informação (TI) no Contexto Internacional 89

Tecnologia da Informação (TI) no
Contexto do Distanciamento Social.. 90

Conclusões 91

Questões Sobre os Conteúdos.. 91

Estudo de Caso – a Disputa Pelo Mercado 5G............................. 92

Questões Sobre o Estudo de Caso 93

Referências... 94

Capítulo 7

Marketing Tech 95

Introdução ao Tema.. 95

Tecnologia e *Marketing* 96

Marketing: Relevância na Sociedade Contemporânea 97

Evolução dos Conceitos de *Marketing* Até o Digital 100

    Marketing 1.0: da Revolução Industrial até o século XIX 100

    Marketing 2.0: do século XIX ao término da Segunda
    Guerra Mundial.. 101

    Marketing 3.0: o humano e o espiritual... 101

    Marketing 4.0: revolução e digitalização 101

Gerações e Aplicações no *Marketing* 4.0...................................... 102

Dados e a Economia da Experiência... 104

Funil de *Marketing* e/ou Vendas... 105

Ferramentas e Estratégias de *Marketing* 107

Especial: Produtos Virtuais e Não Físicos.. 109
    ATL e BTL 111
    Os meios digitais e o *marketing* de conteúdo 112
Especial: Conteúdos Digitais Que Fazem a Diferença 112
    Lettering 113
Especial: o Que Vem Depois do *Marketing* Digital? 114
Conclusões 115
Questões Sobre o Capítulo.. 116
Estudo de Caso – Pequenos Negócios e a Proposta de Valor 117
Questões Sobre o Estudo de Caso 118
Referências... 118

Capítulo 8
Quem Contará Esta História? 120
Introdução ao Tema.. 120
Perfil Pessoal e Profissional... 121
    Conhecimentos, *soft skills*, habilidades e
    competências contemporâneas 121
Estudo de Caso (01): Google.. 122
    Influências da tecnologia 123
Letramento Digital 127
Apreendizado Digital e a Era das Novas Competências 128
    Liderança 130
    Identificação de problemas e desenvolvimento de
    Soluções em Tecnologia da Informação 131
    Empresadorimo digital 132
Novas Oportunidades em *Tech* 133
    Data scientist – cientista de dados 133
    Diretor de segurança de dados 134
    Chief technical officer 135
    Gestor de *cloud computer* 135
    Gestor de mídias sociais 135

Gestor de *mobile marketing* 136
Gestor de *e-commerce* 136
Programador de aplicativos.. 136
Designer de realidade virtual.. 136
Game designer... 137
Gestor de *compliance* e ética.. 138
Facilitador/professor/comunicador virtual 138
Especial: *Techer* – o Profissional que Faz a
Diferença na Busca de Soluções 139
Insights e Recomendações Pessoais e Profissionais...................... 140
Conclusões 142
Questões Sobre o Capítulo... 143
Questões Sobre o Estudo de Caso (1): Google.............................. 144
Estudo de Caso (2): Linkedin 144
Questões Sobre o Estudo de Caso (2): Linkedin............................ 145
Estudo de Caso (3): *Salesforce Trailhead* – Capacitação
Profissional *On-Line* e Gratuita a Serviço da Transformação Digital . 145
Questões Sobre o Estudo de Caso (3): *Trailhead Salesforce*........... 149
Referências... 149

Agradecimentos

A Tecnologia tem-se tornado uma importante mola propulsora para a disseminação de conhecimentos e práticas que propiciam a geração de novas ideias inovativas e os desenvolvimentos econômico e social. E não é um fenômeno isolado, pois conta com a participação de muitos *stakeholders*, que sustentam a Proposta de Valor da empresa, negócios e respectivos portfólios.

Aos milhares de amigos, alunos, colegas e profissionais que contribuíram de forma direta e indireta para o desenvolvimento deste livro. Seja pelas exposições dialogadas em sala de aula, seja pelas consultorias em empresas e mesmo nas reflexões entre diferentes colaboradores, que nos permitiram compartilhar conhecimentos e práticas que ajudaram a construir caminhos para superar desafios e aproveitar as oportunidades.

Aos alunos, de forma mais direta, da Escola Superior de Propaganda e Marketing (ESPM), Universidade Paulista (UNIP) e Universidade de São Caetano Sul (USCS). Não poderíamos deixar de destacar Dalton Pastore, Alexandre Gracioso, Rodrigo Ulhoa Cintra de Araújo, Francisco Gracioso (*in memoriam*), Cristina Helena Pinto de Mello, Jorge Luiz Surian, Jane de Freitas Misseno Mundel e, em especial, Flávio Marques de Azevedo, Marcelo Rocha e Silva Zorovich, Alexandre Ratsuo Uehara e Frederike Monika Budiner Mette.

Aos colaboradores do Grupo de Excelência em Relações Internacionais e Comércio Exterior (GERICE) do CRA/SP. Em especial ao Conselho Federal de Administração (CFA) e ao Conselho Regional de Administração (CRA/SP), aqui representados pelos Administradores Wagner Siqueira e Alberto Whitaker, respectivamente, pelo valioso trabalho de acreditamento da profissão de Administração, onde a tecnologia transita como protagonista contemporâneo. Finalmente, à Escola Superior de Propaganda e Marketing (ESPM) por nos propiciar a oportunidade de contribuir para o desenvolvimento econômico e social do País.

Os Autores

STORYTELLERS

Adm. Dr. EDMIR KUAZAQUI (organizador e autor)

Doutor e Mestre em Administração pela Universidade Mackenzie, com linhas de pesquisas em Marketing e Gestão de Pessoas. Pós-graduado em Marketing pela Escola Superior de Propaganda e Marketing (ESPM). Graduado em Administração com habilitação em Comércio Exterior. Coordenador dos Programas de Pós-Graduação em Administração Geral, MBA em Marketing Internacional e Formação de Traders, MBA em Pedagogia Empresarial, MBA em Compras, MBA em Marketing, MBA em Comunicação e Jornalismo Digital, MBA em Startup: Marketing e Negócios e MBA em Comércio Exterior da Universidade Paulista (UNIP). Professor Titular e Orientador dos Cursos de Graduação da ESPM. Professor convidado de Programas de Pós-Graduação de IES no Brasil. Consultor Presidente da Academia de Talentos, empresa especializada em consultorias e treinamento empresarial. Palestrante com vasta experiência internacional. Autor com publicações nacionais e internacionais, destacando livros de marketing internacional, saúde e cinematográfico. Coordenador do Grupo de Excelência em Relações Internacionais e Comércio Exterior do Conselho Regional de Administração do Estado de São Paulo (CRA/SP). E-mail: ekuazaqui@uol.com.br.

Me. MÁRCIO RIBEIRO DA FONSECA

Doutorando em Gestão Internacional pela ESPM. Mestre em Administração, Especialista em Marketing, Publicitário, Professor das Graduações em Publicidade e Propaganda e Sistemas de Informação na ESPM. Orientador e Avaliador de Trabalhos de Conclusão. Pesquisador Associado do MediaLab ESPM. Consultor de Empresas. Sócio da All Comunicação e Consultoria. Coautor do livro Gestão dos Stakeholders, Ed. Saraiva.

Prefácio I

Já faz algum tempo que os profissionais da Administração estudam a quarta revolução industrial, também chamada de 4.0. Segundo o presidente do Fórum Econômico Mundial e autor do livro "A Quarta Revolução Industrial", Klaus Schwab, ela teve início em 2011 e sua principal característica é o uso de tecnologias atualmente disponíveis para gerar conhecimento e produtividade.

Termos como *big data*, *internet* das coisas, inteligência artificial, nuvem, biotecnologia e outros diferentes nomes passaram a fazer parte do nosso dia a dia profissional. A velocidade de transformação mundial pode assustar os menos preparados. E tudo isso ganhou força com a pandemia da COVID-19. Um inimigo invisível aos olhos tirou-nos da rotina, sacudiu nosso comodismo e acelerou o futuro.

Por causa dele, do dia para a noite foi preciso transformar a casa em um escritório. Aliás, este prefácio foi escrito durante a pandemia, em uma estação de trabalho montada entre a sala de jantar e a de estar. É nesse espaço que são realizadas as reuniões de trabalho, as conferências e outras atividades. O chamado *home office* só foi possível acontecer porque temos, a nossa disposição, várias tecnologias que nos aproximaram um dos outros.

Claro, nada substitui o olho no olho, o aperto de mão, o abraço fraternal e o cafezinho entre colegas do escritório. Somos seres humanos, criados para a coletividade. É essa energia que nos abastece diariamente e, sem ela, estamos fadados à própria existência e expostos a inúmeras doenças mentais. Contudo, não podemos negar que, durante esta pandemia, a tecnologia possibilitou a continuidade de nossas atividades.

Nós nos reinventamos, moldamo-nos aos novos paradigmas para sobreviver a uma das piores crises da história da humanidade. Aliás, a Administração é uma profissão que está em constante aprimoramento. Com a era digital e da informatização, ela também foi acompanhando essa evolução e hoje se encontra em um momento em que estamos vivendo desafios disruptivos.

Mas, se o profissional de Administração não se permitir mudar, como será capaz de prever cenários adversos e propor soluções a fim de antecipar-se aos problemas e corrigi-los? Temos, portanto, que dar conta das complexidades do cenário atual disruptivo e só teremos condições de sermos protagonistas dessas transformações se nos permitimos ampliar nosso conhecimento. Por isso, orgulha-me saber que há profissionais que não só foram atrás desse aprimoramento, como também fazem questão de compartilhar o conhecimento com os demais profissionais da Administração. O administrador e doutor Edmir Kuazaqui, amigo de profissão e de Sistema CFA/CRAs, certamente é um deles.

Nesta obra "*Storytelling* da transformação digital", Edmir nos conta, como o nome do livro sugere, uma história. Mas não é uma narrativa qualquer: o autor nos apresenta todo o seu conhecimento sobre a Revolução 4.0 e um histórico robusto dos cenários digitais em seus mais diferentes aspectos.

Edmir inicia com um histórico que começa com a era dos achismos, passando pela transformação digital, a disrupção, até chegar em conceitos como *learning curve*, *big data*, *internet* das coisas, *startups* e unicórnios, entre outros, sem esquecer de temas como Lei de Proteção de Dados, *fake news* e gestão de reputação digital. Sim, estamos vivendo a era do cancelamento e uma vírgula fora do lugar pode custar caro para os negócios e para a carreira.

E o autor não fica preso a narrativas teóricas. Ao final de cada capítulo, ele oferece ao leitor estudos de casos e questões para que possam aprofundar o conhecimento e internalizar todo esse conteúdo. É um trabalho minuciosamente realizado por quem tem, sem dúvida, uma vasta experiência no campo acadêmico.

Parabenizo o amigo administrador Edmir Kuazaqui pela obra e agradeço o convite para ser testemunha da riqueza deste trabalho. Sinto-me honrado pela oportunidade em assinar o prefácio de "*Storytelling* da transformação digital", livro de leitura imprescindível e que, sem dúvida, será o guia de referência para quem quer mergulhar neste universo tecnológico da gestão digital e da Revolução 4.0.

Adm. Mauro Kreuz
Presidente do Conselho Federal de Administração (CFA)

Prefácio II

O conceito de *data storytelling* é relativamente novo, poucos anos, contudo suas bases estão na própria origem da civilização ocidental. No século VII a.C., os poemas épicos Ilíada e Odisseia, atribuídos a Homero, desbravaram o caminho ora percorrido.

Hoje, acredita-se que Homero não foi um personagem histórico, mas a compilação de vários poetas gregos e artistas que cantavam as epopeias, os "aedos". É o primeiro registro de *storytelling*, método de transmitir informações, conhecimentos e até preceitos filosóficos e éticos pelo uso de narrativas.

Cerca de dois mil anos depois podemos citar os Irmãos Grim (Jacob e Wihelm), que registraram fábulas infantis e o folclore como métodos de transmissão de moral e costumes do povo alemão como base da construção de uma identidade nacional.

Essas obras se utilizavam de figuras de linguagem simples e que poderiam ser entendidas de forma rápida pela população local e serviam como lições de moral e guias gerais de convivência social.

O *data storytelling* permite agregar a contação de estória, e o engajamento geralmente permite dados, informações qualificadas e contextualizadas que embasam aquele ponto. À primeira vista, parece algo simples, e até mesmo antigo, entretanto neste mundo onde a verdade tem "versões alternativas" é uma ferramenta indispensável.

Não é coincidência que o uso do *data storytelling* tenha aumentado nos últimos anos. Em 2016, por exemplo, a Universidade de Oxford, na Inglaterra, e seu dicionário elegeram o vocábulo "pós-verdade" como a palavra do ano na língua inglesa.

Mais relacionada ao mundo da política, a pós-verdade pode ser representada como as *fake news*, os boatos, as deturpações dos argumentos em falácias que dificultam o entendimento da verdade.

No mundo onde informações erradas em um grupo ou rede social familiar geram transtornos, pessoas e robôs, com o auxílio de inteligência artificial são usados para impulsionar um determinado grupo político ou destruir a reputação de uma pessoa ou de uma empresa.

Nas empresas, os achismos são os maiores inimigos dos analistas de dados, em que existem gestores que acreditam que suas experiências têm maior valor que a multitude de dados coletados e organizados nos bancos de dados.

Não que os dados aqui tratados sejam substitutos dos gestores e suas experiências, contudo, em um ambiente de mudanças rápidas e significativas, apoiar-se no passado sem levar em conta os dados atuais e projeções futuras torna-se um erro grave.

Os sistemas de bancos de dados hoje em dia possuem uma riqueza de dados que permite que cada um desses gestores, bem amparados, possam tomar decisões rapidamente e condizentes com os desafios enfrentados.

Obra de extensa pesquisa dos autores, o livro é organizado pelo Administrador Edmir Kuazaqui, Coordenador do Grupo de Excelência em Relações Internacionais e Comércio Exterior – GERICE – do Conselho Regional de Administração de São Paulo, e pelos Professores Jorge Luiz Surian e Márcio Ribeiro da Fonseca, especialistas no assunto.

Neste livro, pode-se compreender a evolução do ambiente das empresas com o desenvolvimento da inteligência de negócio (BI – *Business Inteligence*) e surgimento do mundo analítico em que vivemos e como aproveitar as facilidades criadas para a implantação de uma empresa direcionada pelos dados (*data driven organization*).

A inclusão de estudos de caso em cada um dos capítulos possibilita ao leitor entender a aplicação prática dos assuntos e sua utilização em sala de aula. Por esse motivo, pode ser usado por gestores e alunos de Administração em geral, ou nos cursos da área de Tecnologia da Informação.

Boa leitura!

Adm. Roberto Carvalho Cardoso
Presidente do Conselho Regional de
Administração de São Paulo (CRA/SP)

Prefácio III

Planeta Terra, século XXI. Muito tempo já se passou e muito o que está por vir. A única constante que presenciamos hoje é a mudança, e nesse caótico é fundamental o conhecimento, afinal estamos em uma curva ascendente dos processos transformadores advindos da Revolução Industrial 4.0. Esperando com os tais processos um novo ciclo de inovação, o qual perpassa o alinhamento entre a tecnologia e a sustentabilidade. E 2030 como ficará? Afinal está logo aí, próximo aos "nossos calcanhares", e muitas nações estão procurando o alinhamento que a agenda de 2030 indica entre os 17 Objetivos de Desenvolvimento Sustentável. Esperamos que todos entendam a importância desta discussão.

E o que isso tem relação com a transformação digital? Absolutamente, cada passo que as nações em âmbito macro precisam seguir para uma questão de sobrevivência do planeta afeta diretamente no nível de granularidade operacional e em todos os processos e procedimentos que acontecem diariamente. Processos esses que estão cada vez mais automatizados e sem a interferência humana, contando com as tecnologias habilitadoras como a Inteligência Artificial e Internet das coisas, além da muito falada tecnologia *Blockchain*.

Atualmente, o que antes era desconhecido como o *Big Data* hoje é uma realidade e as empresas precisam se preocupar muito com o que fazer com os tais dados, sejam eles estruturados e não estruturados, e quais tecnologias utilizar para que a tomada de decisão seja baseada em dados (*data driven*) e não mais em achismos ou os conhecidos "gurus", mas não vamos entrar nessa esfera de projeções que não são baseadas em fatos.

Reunir nesta obra um grupo de especialistas para contar a história e aplicações tendo como "pano de fundo" a transformação digital, além de bem-vindo, é essencial para materializar experiências bem-sucedidas e compartilhar um conhecimento que *a priori* é tácito, transformando-o em um conhecimento evidentemente explícito.

Parabéns aos envolvidos, que diretamente estão preparando os profissionais do futuro, que irão sem dúvidas modificar e transformar o presente.

Dr. Flávio Marques Azevedo
Coordenador do Curso de Graduação
em Sistemas de Informação da ESPM

Apresentação

Edmir Kuazaqui (Organizador)

*"Não podemos focar no que está errado.
Sempre há uma maneira de mudar as coisas".*
Pixar (2015)

Objetivos deste capítulo:
- Apresentar a proposta desta obra, evidenciando sua importância para as comunidades profissional e acadêmica.
- Descrever sucintamente os conteúdos a serem desenvolvidos.
- Discutir os propósitos e as aplicabilidades e objetivos dos conceitos e práticas.

Um dos maiores fenômenos contemporâneos é a Transformação Digital. A humanidade passou por diferentes mudanças e transformações no decorrer de sua história que fizeram evoluir a sociedade, empresas e pessoas. A incorporação da Tecnologia da Informação (TI) e a digitalização ocasionaram uma série de conhecimentos e práticas que alteraram as relações entre as empresas, negócios e seus mercados, propiciando novas soluções para os problemas tradicionais empresariais e sociais.

O fenômeno não está restrito somente ao ambiente corporativo, mas também influencia em outras áreas, como nas questões sociais, na internacionalização de empresas, na construção de conhecimentos e competências pela educação, nas relações governamentais, na saúde e artes, por exemplo.

Pensando dessa forma, um grupo de professores com experiências profissionais resolveu contribuir com um livro que possibilitasse com que os leitores pudessem entender todo o processo que conduziu à Transformação Digital e respectivas consequências.

Por meio de teoria e principalmente conhecimentos técnicos de mercado conquistados em empresas e em consultorias resultaram nesta obra – Techers: *Storytelling* da Transformação Digital – Manual de Profissionais para Profissionais –, indicada para todos aqueles que desejam desenvolver negócios em ambientes digitais, bem como para alunos de diferentes cursos de graduação, tecnologia superior, pós-graduação *lato* e *stricto sensu*, em áreas do conhecimento como as Ciências Sociais Aplicadas, que englobam Administração, Marketing e Gestão de Pessoas, entre outras importantes áreas, e as Ciências Exatas e da Terra, que englobam Ciências da Computação, Sistemas de Informação, Matemática e Estatística, por exemplo. Ressaltamos que Sistemas de Informação não é Ciências da Computação, que têm conteúdos e propósitos diferenciados.

Adotamos como pilares da Transformação Digital os clientes, a proposta de valor, a inovação, a competição e os dados, que em conjunto influenciam o comportamento de pessoas, o desenvolvimento de negócios, os crescimentos econômico e social.

O livro procura discutir o que conduziu as empresas a saírem do modelo tradicional de administração e gestão para um enfoque de negócios mais organizados e digitalizados. Posteriormente, com a evolução da Inteligência de Negócios, os fluxos de dados representados pelo *Big Data* e a realidade da *Internet of Things* (IoT) e da Inteligência Artificial (IA). Esses fatores influenciam as empresas já existentes, bem como seus novos formatos que necessitam de *Marketing* e Gestão de Pessoas, bem como nas novas profissões, para consolidar suas posições competitivas em mercados nacionais e internacionais.

Por meio de textos, discussões, provocações, desafios, "você sabia?", gamificação, estudos de casos, desafios, perguntas para reflexão, exercícios os leitores poderão ler, escutar e ver os conteúdos de forma a obter a apreensão máxima de

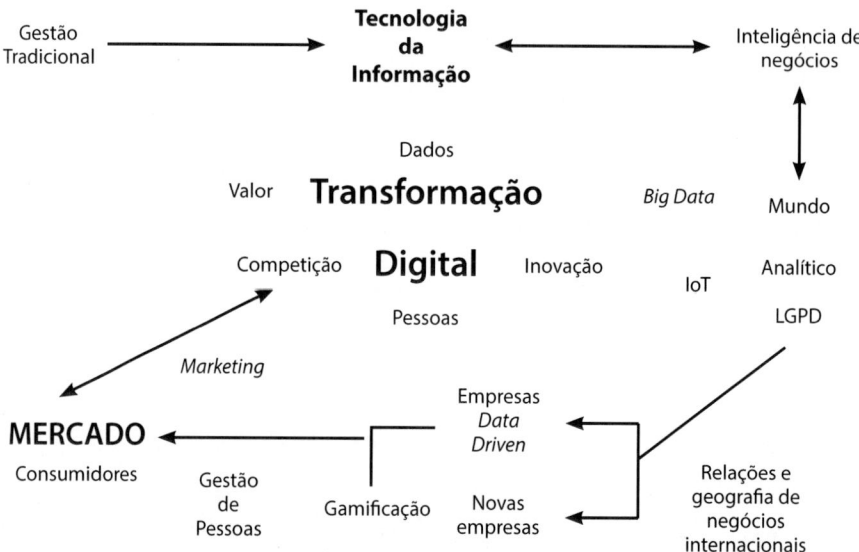

Figura 1 Estrutura do livro. Fonte: Kuazaqui (2023).

conteúdos e discussões, para compreender como o fenômeno influencia em suas vidas. O autor Edmir Kuazaqui foi o responsável pelos textos dos capítulos e o Márcio Ribeiro da Fonseca pelos estudos de caso, exceto dos capítulos 6, 7 e estudos de casos 1 e 2.

Se anteriormente a Tecnologia da Informação (TI) era o suporte operacional e um meio de redução de custos, na atualidade norteia os negócios e respectivas arquiteturas e modelos de negócios, incorporando seu DNA e tempero especial. Essa é a proposta dos autores, sempre para desenvolver a evangelização da Tecnologia como premissa fundamental para os desenvolvimentos econômico e social.

Finalmente, para vencer em mercados altamente competitivos, não basta ser simplesmente bom naquilo que fazemos. Devem-se procurar constantemente, como uma doutrina, novas formas de Ser, Pensar e Agir, de forma inovadora, a partir da captura, organização de dados e aplicações que se incorporem ao DNA empresarial e norteie suas decisões estratégicas. Conhecimento, Aprendizado e Sabedoria, tudo alicerçado com a mais alta e melhor tecnologia!

ESPECIAL: GAMIFICAÇÃO

A utilização de jogos sempre acompanhou a história da humanidade, principalmente como forma de entreter e divertir. Com a abertura das economias aos mercados internacionais, a crescente necessidade de competitividades nacional e internacional, mercados disruptivos e evolução tecnológica, entre outras questões, acentuou as necessidades de aprendizado de pessoas e empresas para obter maior conhecimento e melhor inteligência cognitiva para superar os desafios que se apresentam.

Muitos entendem que o termo mais apropriado para essa técnica está relacionado à ludificação, pois faz alusão direta com os jogos. Entretanto, por questões mais mercadológicas do que semânticas, o termo mais empregado em termos mundiais é gamificação, decorrente do termo em inglês *gamification*. Kapp (2012) afirma que o conceito é relativamente novo e que consiste em utilizar pensamentos, estratégias e mecânicas de jogos para promover a motivação de pessoas em práticas relacionadas à solução de problemas.

Dos tradicionais jogos de tabuleiro, com a apresentação física, como os jogos de damas e xadrez, a evolução tecnológica possibilitou novos formatos e desafios, ampliando suas aplicações, como forma de entretenimento, educação e ensino, bem como no aprimoramento de capacidades e competências profissionais de forma colaborativa.

Figura 2 Jogos tradicionais. Foto: Coleção de Kuazaqui (2021).

Segundo Kuazaqui (2016), a importância dos jogos reside no fato de representarem elementos de cultura, mas que também se internacionalizam em um processo de democratização e intercâmbio de conhecimentos, habilidades e competências humanas. Preservam nas suas origens a cultura e valores de cada país, como o xadrez (hindu), go (japonês) e gamão (mesopotâmico).

Castro (2015, p. 122) afirma que no ensino ativo, ao contrário do passivo, "o aluno aprende em um nível em que o conhecimento tem vida longa na memória e pode ser usado quando a ocasião ocorrer". Adicionalmente, as novas gerações, como os da Y, Z e Alphas, possuem características e comportamentos com aderência na tecnologia e com grande vontade de aprender de forma interativa.

O jogo tradicional de damas (em tabuleiro) tem o objetivo de capturar peças do oponente e essencialmente envolve a participação de duas pessoas, procurando exercitar estratégias e gestão de recursos. Já o jogo de xadrez procura conquistar o "rei" do oponente, a partir do confronto e sacrifício de suas tropas, procurando exercitar planejamento, estratégias e táticas. Pelos exemplos, pode-se notar que os desafios são importantes, porém limitados a duas pessoas em determinado ambiente onde ocorrem as ações.

A tecnologia proporcionou a criação e o desenvolvimento de games cada vez mais complexos, disponíveis em diferentes ambientes e formatos com maior volume de participantes. Uma aula pode ser apresentada no estilo Role Player Game (RPG), onde os participantes podem interpretar e interagir com seus pares. Incontestável é a importância do profissional de Tecnologia da Informação e Sistemas de Informação, responsável, como um maestro, no ordenamento de estrutura lógica, porém com concepções lúdicas, no desenvolvimento de sistemas, *softwares* e/ou aplicativos extremamente necessários para o *design* e logística do jogo.

Figura 3 Gamificação. Fonte: Klickpages (2021).

Os games usados devem ter objetivos instrucionais e não devem se limitar ao próprio jogo, mas sim oferecer situações de integração e interação, como questões e desafios a serem enviados aos participantes, bem como a oferta de tarefas extraordinárias, diferentes e que procurem exercitar outros pontos, como a resiliência e a capacidade cognitiva de interagir com os diferentes ambientes onde os participantes estão inseridos. Lembra um dos autores da solicitação de uma foto a ser enviada de forma espontânea, fora do horário de trabalho, de uma situação inusitada que poderia ocorrer no bairro do residente.

Como regras gerais, jogos devem ter metas definidas e claras, com regras que sirvam como limitadoras e orientadoras para seu atingimento. O sistema deve ter possibilidade de *feedbacks* construtivos para o acompanhamento da *performance* dos participantes e que conduza para a participação voluntária e as possíveis melhorias nas ações a serem desempenhadas. Entretanto, isso se constitui em regras básicas e a gamificação não deve se restringir somente nessas regras, procurando incorporar um sistema de pontuação e *ranking* simplesmente, mas que sejam claros os objetivos e as metas a cada nível, bem como uma retórica motivadora que gere interesse, conflitos e principalmente a possibilidade de decisões inteligentes.

Na essência, a gamificação envolve metodologias que englobam recursos educativos e de construção do conhecimento, com desafios, jogos e competições que sustentam o aprendizado pessoal, em grupo e corporativo, com motivação e engajamento. Por meio de simuladores, é possível a criação de experiências lúdicas motivadoras e engajadoras, de forma realista e interativa. Já o verbo "gamificar" significa transformar atividades e práticas de forma diferente, criativa e inovadora, proporcionando uma rotina pessoal e de trabalho com um novo olhar e de forma mais internalizada.

No capítulo 8 – "Quem contará essa história?", desenvolvemos a promissora profissão de *designer* de games. Trata-se de um mercado em ampla evolução, com desafios constantes e interconectando-se com os ambientes educacionais e empresariais, o que justifica, em parte, a carência de mão de obra especializada. Por outro lado, até por envolver elementos de andragogia, ainda não se trata de práticas comuns nas empresas, muitas derivadas das dificuldades na construção e desenvolvimento tecnológico de gamificação.

Os jogos de empresas, amplamente utilizados em cursos de gestão, possibilitam testar a incorporação de conhecimentos e suas aplicações instrumentais. Como visto, além dos formatos apresentados, a gamificação tem como propósitos as mudanças de comportamento humano e nas organizações, de forma a tornar os envolvidos mais capacitados e com competências para obter cenários mais criativos e inovadores.

É incontestável a importância e benefícios de empresas, como o aumento da produtividade, derivadas da integração e engajamento de equipes, principalmente se forem orientadas dentro dos conceitos de PBL (*Problem Based Learning*), que significa aprendizado baseado em problemas. Empresas que também adotam práticas de *Design Thinking* têm oportunidades com a gamificação, para descobrir novas soluções e respostas inovadoras para seus negócios e clientes.

Experiencialização é um ótimo termo para definir os resultados de uma boa gamificação, que conduz ao aprendizado, e um ponto favorável para a Gestão de Mudanças.

Ótima leitura!!!

REFERÊNCIAS

Castro CM. Você sabe estudar? Quem sabe, estuda menos e aprende mais. São Paulo: Penso; 2015.

Kapp KM. The gamification of learning and instruction: game-based methods and strategies for training and education. San Francisco: Pfeiffer; 2012.

KLICKPAGES. Gamificação: um jeito divertido de cumprir tarefas. Disponível em klickpages.com.br. Acesso em 24/04/2021.

Kuazaqui E. Marketing cinematográfico e de games. São Paulo: Cengage; 2015.

Kuazaqui E, Haddad H, Marangoni MM. Gestão de Marketing 4.0. São Paulo: Atlas; 2019.

PIXAR. Docter Pete; CARMEN, Ronnie Del. Inside Out, 2015.

Capítulo **1**

Gestão Tradicional: A Era do Achismo

"Quando começam a soprar os ventos da mudança, alguns constroem abrigos e se colocam a salvo; outros constroem moinhos e ficam ricos".
Claus Moller (1995)

Objetivos deste capítulo:
- Apresentar de forma sucinta a evolução da sociedade, que influenciou as relações entre pessoas, negócios e empresas.
- Discutir o que era antes o processo de gestão de empresas.
- Discutir o que influenciou a Transformação Digital.
- Ressaltar a importância dos Sistemas de Informação.
- Discutir os conteúdos e aplicabilidades.

INTRODUÇÃO AO TEMA

Este capítulo procurará apresentar a evolução sob o ponto de vista corporativo, sempre como reflexo e resposta da e para a sociedade, da necessidade das empresas em utilizar a tecnologia, meios e formas de trabalho, para obter os melhores resultados, produtividade e economia de escala em negócios. E, sem dúvida, a busca incessante da excelência, seja ela qual for.

COMO ERA A GESTÃO NA EMPRESA TRADICIONAL

A empresa tradicional era formada por uma série de processos que se desdobravam em atividades, por vezes desnecessárias, redundantes e repetitivas. Muitos recursos, esforços e materiais eram utilizados, como a quantidade de papéis utilizada em relatórios que eram arquivados e com prazo para serem armazenados, ocupando espaço, pessoas e até com a necessidade de seguros. A empresa tinha de manter volumes de papel para o fechamento do balanço anual, sendo as consultas essencialmente manuais.

As pesquisas a serem realizadas dependiam de pessoas e tempo. Lembra de um dos autores deste livro que para levantar os dados de exportação de produtos era necessário seu deslocamento da empresa até a área de Comércio Exterior Brasileiro e fazer a contagem por meio das cópias de notas fiscais No varejo, era realizada a contagem física de mercadorias para a realização do balanço anual, bem como a tabulação de dados feita de forma manual.

Eram normais as reuniões presenciais de final do dia com os vendedores e a entrega de relatórios que eram datilografados e posteriormente compilados em outros mais resumidos. Em bancos, os lançamentos contábeis eram realizados em fichas contábeis em várias vias e com as assinaturas de quem calculou, preencheu, datilografou, conferiu, entregou e recebeu em outro departamento. Depois de um certo tempo, esses documentos ainda eram auditados para verificação se os procedimentos haviam sido respeitados.

No ensino (e não necessariamente Educação), era prática recorrente a utilização de transparências (lâminas de polímeros), que eram gravadas a partir da impressão de material original. Era um diferencial dos professores na época.

Com todas essas situações, as operações das empresas eram relativamente morosas e caras, empregando um volume considerável de recursos. Da mesma forma, a gestão da empresa era muito demorada, influenciando na sua capacidade de reação e na adoção de práticas inovadoras. Abstrai-se desse recorte inicial a quantidade de processos e de pessoas, muitas delas em atividades burocráticas e operacionais.

A década de 1980 foi marcada por crises econômicas mundiais que influenciaram no poder aquisitivo e na demanda por produtos e serviços. Se de 1946 a 1964 tivemos um período de crescimento populacional mundial e com a oferta de muitos novos produtos e serviços e consequente expansão econômica e empresas (Kuazaqui, 2007), esta década foi marcada por redução do crescimento vegetativo, perda do poder aquisitivo em geral e diminuição do crescimento das empresas, que estavam, até então, em um ritmo de crescimento do volume de negócios.

Em um primeiro momento, empresas procuravam melhorar seus resultados pela redução drástica de custos e despesas e um dos principais ativos a serem suprimidos foi, infelizmente, a mão de obra. Termos como Reengenharia e posteriormente *Downsizing* e *Rightsizing* se tornaram formas de os consultores ganharem dinheiro. Esses dois últimos termos mesclavam uma estrutura menor com a pseudoquantidade necessária de funcionários e melhor produtividade, até em razão da eliminação de processos e tarefas. Cortes e não necessariamente otimização...

Posteriormente, empresas perceberam que não era suficiente e inteligente somente reduzir o *headcount*, pois as atividades continuavam a ser desempenhadas e nem tanto quanto à qualidade pela falta de pessoas. Dessa forma, o processo de computadorização e informatização (termos utilizados na época) foi iniciado com pesquisas e investimentos mais pesados. A maior preocupação na época era a parte física, representada pelo *hardware*.

No Brasil, destacam-se os bancos Itaú e Bradesco como pioneiros no desenvolvimento da tecnologia bancária, que reduziu e otimizou processos e com a qualidade devida. No setor bancário, a informatização maciça influenciou operações, controles, comunicação e as formas de relacionamento com os clientes, além de produtos e serviços mais ágeis.

O fenômeno da informatização ocorreu essencialmente em todos os setores econômicos, trazendo melhor competitividade para as empresas. Os arquivos de documentação física cederam seus espaços para o armazenamento em *hardwares* e posteriormente em nuvens. Documentos e relatórios passaram a ser alimentados, armazenados e democratizados de forma *on-line*. As pesquisas foram ampliadas pelos *sites* de busca. As reuniões passaram a ser mais dinamizadas e virtuais, pois não existia tanto mais a necessidade de apresentar presencialmente os relatórios. As aulas passaram a ter instrumentos e ferramentas inseridas nas metodologias ágeis contextualizadas com as ferramentas tecnológicas.

A tecnologia mudou e transformou empresas. Falamos em empresas, mas o processo envolveu consumidores e, principalmente, negócios. Com a popularização da *internet* as pessoas tiveram a oportunidade de diversificarem suas opções de procura por soluções de consumo e a ampliação de conhecimentos.

Um dos grandes paradigmas rompidos foi a de que a tecnologia e as máquinas gerariam o desemprego em massa de trabalhadores, premissa defendida por vários autores, destacando Rifkin (1996). Com a pandemia decorrente da COVID-19 e o distanciamento social, verificamos o inverso: a importância dos diferentes setores da economia, como saúde, educação e sistema financeiro, por exemplo, se manteve e teve a sustentabilidade de negócios por meio de profissionais com conhecimentos e visão *tech*.

POR QUE OCORREM AS GRANDES MUDANÇAS E TRANSFORMAÇÕES?

O ambiente de negócios é constituído por variáveis (forças) que influenciam a Sociedade e, consequentemente, as empresas e pessoas. Essas variáveis influenciam e moldam os comportamentos de consumidores e, consequentemente, as empresas e suas respectivas estratégias. De forma sistêmica, o Ambiente de Negócios (McDaniel, Gitman, 2011) da empresa envolve diferentes *stakeholders*, *stockholders* e *shareholders*, como os fornecedores de matéria-prima e serviços; investidores, distribuidores envolvendo atacadistas e varejistas; concorrentes diretos e indiretos, e também o público interno e colaboradores.

Conforme Oliveira (2009, p. 94),

> *"A visão tradicional da empresa no século XX era aquela preconizada por Milton Friedman, ou seja, gerar retornos econômico-financeiros para seus donos (acionistas ou stockholders, em inglês). Essa era a função social da empresa, que correspondia aos princípios da economia tradicional (chamada de teoria neoclássica)".*

Atualizando os conceitos, *stakeholders* são os parceiros que contribuem para a entrega da proposta de valor da empresa e do negócio para o consumidor final; os *stockholders* são os que financiam as operações das empresas, não se restringindo somente aos proprietários, mas todos que podem prover os recursos necessários, incluindo os econômicos e financeiros, para a oferta de soluções para o mercado, como as instituições financeiras. Já os *shareholders* provêm de *funding* ou outras formas, como aquelas dos investidores-anjo, e *crowndfunding*, por exemplo.

Temos como principais variáveis as internas e externas à empresa, conforme quadro 1.1.

QUADRO 1.1 Variáveis que influenciam a sociedade.

Categorias	Tipos
Internas	Colaboradores e talentos humanos, internos e seus estilos de gestão e formas/capacidade de contribuição para o desenvolvimento da empresa
Externas	Econômicas, demográficas, geográficas, tecnológicas, comportamentais, psicográficas, psicológicas, multiculturais, étnicas, políticas, legais, sociais, governamentais, internacionais, entre outras

Fonte: Kuazaqui (2020).

Estratégia, segundo Oliveira (2004), é um caminho ou um conjunto de ações formuladas para alcançar, de forma diferenciada, os desafios e objetivos empresariais. Dentro de um contexto mais amplo, as estratégias devem ser formuladas, a partir de um planejamento estratégico, sempre para superar desafios que as próprias empresas impõem para estar sempre em movimento e superar seus limites.

Cada variável exerce influências diretas, as quais são moldadas de acordo com a intensidade das variáveis, como no caso da variável econômica, que se desdobra no poder aquisitivo de consumidores e reflete nas estratégias de formação e adequação de preços por parte das empresas. Vimos anteriormente que as crises econômicas influenciaram as empresas a utilizarem de forma mais consistente as tecnologias disponíveis, como a pesquisa e o desenvolvimento de outras.

O monitoramento estratégico do ambiente é de suma importância para os resultados das empresas. Mesmo que a empresa esteja dentro de um setor econômico com as estratégias genéricas já consolidadas, a presença de variáveis neutras pode interferir no seu desenvolvimento. Variável neutra trata daquela que a empresa dá pouca importância no momento ou nem a conhece, mas que em determinada situação influencia decisivamente nos negócios. Como exemplo, temos a presença da COVID-19, que ocasionou a pandemia e acelerou a transformação digital (ou, pelo menos, acentuou sua importância e influenciou a maior utilização das ferramentas digitais).

Por outro lado, temos a variável humana que, conforme o quadro 1.1, pode ser de ordem comportamental, psicográfica, psicológica, enfim, todas aquelas variáveis categorizadas como qualitativas e nem sempre com uma métrica mais precisa e, consequentemente, sem a materialização de resultados.

> **Você sabia?**
>
> No capítulo Vector da série Numbers (2005), a equipe de especialistas em métodos quantitativos tenta rastrear o paciente zero de uma doença causada por um vírus, por meios estatísticos, porém percebem que devem incorporar a variável humana como viés na análise e nos resultados. O objetivo é identificar uma fórmula que ajude a entender o grau de dispersão do vírus.

O mercado é extremamente dinâmico e a tecnologia é uma das principais variáveis ainda em transformação e evolução. Já se fala em período pós-transformação digital, em que as relações homem-tecnologia se tornam uma normalidade no mercado. *Tecnologia passa a ser o início, meio e fim de qualquer negócio e propósito corporativo.* E a presença humana é fundamental para que as ações gerem os melhores resultados.

Disrupção

Conforme Kuazaqui, Correa Júnior, Teramoto e Nakagawa (2017), a disrupção é um fenômeno relacionado à quebra do fluxo de um sistema e que pode conduzir ao pensar e repensar novas práticas, soluções, negócios, produtos e serviços. *Influencia o ser e pensar de forma diferente.*

Rogers (2017, p. 250) afirma que a disrupção de negócios ocorre quando um setor estabelecido enfrenta um desafiante que fornece muito mais valor para os clientes, mediante ofertas com as quais as empresas tradicionais não podem competir diretamente.

Segundo Cristensen (2003), trata-se de uma oportunidade para a geração de novos produtos e que diferencia as outras empresas que oferecem os já tradicionais. Existem três tipos relacionados à disrupção inovadora:

a) Aquela **que cria mercados e/ou nichos de mercado**, como no caso do *streaming* da Netflix. É fundamental uma área de inteligência de mercado e os sistemas de transformação e inteligência para a identificação e aproveitamento de oportunidades inexploradas; posteriormente, tudo entra em um processo de normalidade, até que outras disrupções ocorram.

b) Aquela **que sustenta os produtos com boa margem de contribuição**, mas que não tem capacidade de gerar um crescimento novo. Nesse caso, podem ocorrer as incorporações nas embalagens, na forma de conservação e similares, como geralmente ocorre no setor de alimentos enlatados; o essencial é que a empresa sempre acrescente diferenciais, por menores que sejam, para manter a "chama viva" do interesse por parte do mercado.

c) Aquela **que gera melhorias significativas em processos**, como no aumento de produtividade, economia de escala e sinergia, além dos aspectos logísticos, que tornam os produtos mais competitivos. Nessa situação, a empresa eleva seu patamar de negócios e na satisfação de consumidores.

A disrupção não é um fenômeno recente, tendo suas raízes na época do governo de Getúlio Vargas no Brasil. O problema é que sempre ocorreu de forma bastante lenta e gradual, fazendo parte do cotidiano das empresas e pessoas, onde tiveram a chance de repensar os seus negócios e adequar a sua estrutura e recursos. Na realidade contemporânea, cada vez mais as disrupções estão ocorrendo com maior frequência em espaços menores de tempo, como as crises econômicas e políticas, de saúde (pandemia e distanciamento social), entre outros.

Conforme Joi (2018), a disrupção envolve três fatores:

a) **Assimetria**, em que o processo analógico evidencia que uma força só pode ser neutralizada por outra similar e com a mesma extensão. Na atualidade, não é mais apropriado pensar dessa forma, pois o que im-

porta é a capacidade de reação assertiva de pessoas e empresas. As *startups* são ótimos exemplos ilustrativos deste livro, pelo "pensar fora da caixinha" com novas propostas de soluções e não somente aquelas que podem vislumbrar.
b) **Complexidade**, onde nem sempre o que envolve a situação é constituído de forma simples, mas sistemas complexos em que os envolvidos somente participam de uma parte do processo. Um paciente pode beneficiar-se de determinado medicamento, porém não tem ideia de todos os recursos e esforços envolvidos em pesquisas, desenvolvimento de protótipo, protocolos e formatação em produto final.
c) **Incerteza**, onde existe a sombra da dúvida sobre o desenrolar e o alcance dos resultados esperados. Mesmo em situações repetitivas, existe o problema da projeção do passado para o futuro. Nesse caso, se você foi afetado por alguma variável ou foi ineficiente, projetará com certeza para o futuro. No caso do novo, temos as dúvidas, mesmo que as previsões e projeções sejam realizadas da forma mais científica possível.

Empresas e profissionais devem ser bastante resilientes em relação aos seus comportamentos, práticas e atitudes. E uma das prevenções é se basear nos sistemas de informação e inteligência de mercado.

MUDANÇAS E BENEFÍCIOS GERADOS PELOS SISTEMAS DE INFORMAÇÃO E INTELIGÊNCIA DE MERCADO

Um sistema de informação é um conjunto de pessoas, máquinas, métodos e procedimentos informatizados, de forma a coletar, armazenar, organizar e processar dados e informação que sustentem o processo decisório. Possibilita a administração do fluxo interno e externo de dados, que possibilita a gestão e automatização de processos, com menores falhas e melhoria de resultados. Dessa forma, a tecnologia da informação (TI) envolve os recursos e as diferentes atividades, instrumentos e ferramentas, como os *softwares*, os programas e o desenvolvimento da gestão de informações que garanta sua integridade e segurança.

Para a implantação do sistema são necessários, lógico, profissionais com a formação acadêmica, técnica e com a experiência em tecnologia, além de bom senso crítico que possa desenvolvê-lo a partir das necessidades da empresa e entregá-lo formatado.

O projeto deve contemplar a identificação e definição do problema, capazes de gerar seus objetivos: como serão coletados e codificados os dados e informações de forma a permitir testes prévios antes da sua implantação. A implementação do sistema envolve um cronograma e treinamento. Outro ponto a ser evidenciado é como serão realizadas a manutenção e a atualização da plataforma e dos sistemas.

Conforme Clementes e Gido (2015), os custos estimados para o desenvolvimento do sistema devem ser realizados com precisão, a partir do planejamento estratégico e o que a empresa deseja como contribuições. Esses custos não são baixos, mas considerados investimentos.

A empresa deve monitorar o ambiente e inclusive as mensagens que circulam, tomando o especial cuidado com as *fake news*, assunto que será mais bem abordado em *Compliance*.

Em síntese, conforme Torquato e Silva (2000), a conjugação entre os sistemas de informação integrados com a TI cria e renova os diferenciais e as vantagens competitivas e se torna um dos elementos-chaves na identificação de estratégias competitivas. Serve como importante suporte para o desenvolvimento de soluções a partir de escolhas mais assertivas.

TRANSFORMAÇÃO DIGITAL

Transformação digital é o fenômeno que gera *upgrades* significativos no formato e que necessita da integração entre a tecnologia digital em todos os processos de uma organização. Exige fundamentalmente de deixar o que é tradicional e atuar com o novo e inovador. Todo o mercado é afetado em intensidades diferentes, pois depende da relevância da tecnologia nas empresas e como o consumidor percebe como proposta de valor ao que está adquirindo.

> **ESPECIAL: O MUNDO POR TRÁS DE UM CLIQUE – Jakov Trofo Surjan**
>
> A reflexão para estas considerações emerge de uma frase de Alvin Tofler: "em não sabendo que era impossível, foi lá e fez". Os processos foram completamente alterados, passando de um mundo analógico para digital como fator de sobrevivência das organizações, em que a única coisa constante é a mudança.
>
> Com a globalização na *internet* e as inovações baseadas no conhecimento, o ambiente empresarial transformou-se e a demora em entender esses fatos identificam a obsolescência em um mundo que tudo se decide através de um clique.

> Conceitos como rapidez, flexibilidade e inovação associados à diminuição do ciclo de vida de produtos e serviços definem os sobreviventes organizacionais. A informação, que era simplesmente uma ferramenta para produzir um produto, passou a ser o próprio produto e com sua utilização se adaptar rapidamente às mudanças.
>
> Temos dados por todo canto disseminados pelas redes de computadores, mas precisamos ter filtros para controlar os efeitos de sua utilização e evitar a propagação de fatos indesejáveis ou até perigosos em um mundo em que as tecnologias de captura de dados, *Big Data* e Inteligência Artificial não respeitam fronteiras em relação a sua divulgação e comprometem a privacidade das pessoas.
>
> A tecnologia interfere no comportamento humano de forma individual ou coletiva. Passamos a considerar sua utilização em praticamente todas as atividades, transformando a forma de trabalho por meio de uma nova revolução vinculada a robôs inteligentes, Inteligência Artificial, pequenos dispositivos como IoTs, permitindo controles independentes de sua localidade, interligados por redes de computadores com a automação governando nossas vidas, construindo o futuro e as consequências de sua utilização.
>
> A tecnologia é a base necessária para dominar os ativos de conhecimento, pois o futuro não vem embrulhado em um lindo pacote com um belo lacinho. Dominar a tecnologia transformou-se no grande desafio. Você e/ou sua organização estão preparados para a partida?
>
> **(Depoimento do professor da ESPM, Jakov Trofo Surjan, 2020)**

Conforme Rogers (2017), existem cinco pilares que sustentam e alimentam o processo de transformação digital, conforme o quadro 1.2.

Conforme Cabral e Yoneyama (2001, p. 37) afirmam, "à medida que ocorrem avanços tecnológicos, ou seja, expansão do conjunto de conhecimentos das artes industriais, pode ser viabilizada a geração de novos bens e serviços, ou o aprimoramento dos processos para sua produção".

Gaino (2012, p. 9 e 10) afirma que "cada revolução tecnológica traz consigo não apenas uma reorganização da estrutura produtiva, como profundas transformações institucionais, sociais, ideológicas e culturais, o que permite falar na construção de um novo modelo de crescimento".

Conforme Tapscott (1997), a utilização da tecnologia da informação surge como suporte da estratégia para obter vantagens competitivas sustentáveis. Na empresa sofre profundas mudanças em sua estrutura, tecnologia, operações, cultura e a consequente entrega de sua proposta de valor.

Quadro 1.2 Pilares da transformação digital.

Pilares	Descrição
Clientes	É a razão de ser de qualquer empresa e/ou negócio. E esse está em constante evolução, guiado pelos seus atributos valorizados e direcionados para o consumo por meio das ferramentas de *marketing* digitais. Esses atributos valorizados é o que move o consumidor para o consumo, como por exemplo praticidade, comodidade, preço justo, entre outros. Pode ser representado de forma numérica e de acordo com o perfil. A primeira representação indica o potencial de mercado, e a segunda, a modelagem estratégica
Dados	São todos os símbolos quantificáveis ou não. Podem ser referências como números, datas, textos e imagens, por exemplo, que têm significância individual e em conjunto. Sua análise gera as informações, principalmente como patrimônio (ativo) de uma empresa, que se refere ao tratamento de dados e aprofundamento das razões. A China apresenta uma média de crescimento econômico médio anual (dados) e existem as razões (informações) para tal crescimento. Com isso, é possível a geração de ideias e principalmente ações estratégicas. Evidenciando ainda a importância de dados, segundo Deming *apud* Doerr (2019, p. 115), "Em Deus, confiamos; nos outros, só com base em dados"
Proposta de valor	São os benefícios que a empresa oferece aos seus consumidores. Formatada como uma promessa, é o que influencia a decisão de comprar em uma empresa em detrimento aos seus concorrentes. Osterwalder (2011), por meio da metodologia Canvas, propõe identificar a partir do segmento-alvo onde a empresa pretende atingir, qual a proposta de valor deve ser ofertada ao consumidor. Ao procurar um restaurante vegetariano, o consumidor pode estar à procura de longevisar com qualidade sua vida, em contraponto somente a atender à necessidade básica de alimentação
Inovação	As transformações no mercado exigem que as empresas "acelerem" seu processo de conhecimento, modelagem e redesenho dos seus processos internos, na busca por atingir a excelência e ter diferenciação de seus concorrentes. Temos duas categorias de inovação: a) Inovação aberta: é aquela que integra, por meio da incorporação de tecnologia, toda a empresa e seus diferentes tipos de públicos, a partir do debate de várias ideias e problematização. O processo é iniciado pela geração de novas ideias, produtos e serviços, novas formas de solucionar os problemas de consumidores b) Inovação fechada: é aquela restrita aos centros de pesquisa e desenvolvimento, não ocorrendo a democratização dos resultados de pesquisa e principalmente das suas práticas e aplicações
Competição	Existência de concorrentes em mercados, que favorece uma competição saudável para gerar periodicamente mudanças e transformações importantes no mercado

Fonte: Adaptado e ampliado por Kuazaqui a partir de Rogers (2017).

CONCLUSÕES

A transformação digital é uma realidade, mas sua aceitação totalmente não. Dessa forma, pessoas e empresas podem optar em não estarem inseridas nesta realidade, porém com certeza estarão perdendo a oportunidade de acompanhar o desenvolvimento e a competitividade. *Provavelmente, serão meros expectadores de um futuro não tão distante.* Outro ponto fundamental é que a tecnologia não é somente restrita às grandes empresas, mas a todas, independente do porte e tipos, podendo incorporar-se nas suas práticas e estratégias, dentro das suas possibilidades e recursos disponíveis. *Outro ponto fundamental é ser e pensar de forma tech, sempre com propósitos e propostas que visem solucionar problemas corporativos e pessoais.*

▪ QUESTÕES SOBRE O CAPÍTULO

1. O que conduziu a necessidade de empresas em procurarem a tecnologia como base para os seus negócios?
2. A transformação digital é um fenômeno que pode ocorrer de forma isolada ou depende de outras variáveis?
3. De que forma a sociedade influencia no processo de desenvolvimento de novas ideias e inovação nas empresas?
4. Em que sentido a disrupção pode ser positiva e negativa para as empresas e mercado?
5. Uma empresa ou mesmo uma pessoa podem não optar em atuar de forma digital? Justifique sua resposta e, se possível, exemplifique.

▪ ESTUDO DE CASO – *INSURTECHS*: PROMOVENDO A TRANSFORMAÇÃO DIGITAL NO SETOR DE SEGUROS

Segundo a CNseg – Confederação Nacional das Empresas de Seguros Gerais, Previdência Privada e Vida, Saúde Suplementar e Capitalização, associação civil, que representa as empresas integrantes dos segmentos de Seguros, Previdência Privada Complementar Aberta e Vida, Saúde Suplementar e Capitalização, com sede no Rio de Janeiro, as *insurtechs* são o caminho para a modernização do setor de seguros com o uso da tecnologia para otimização de processos, rotinas e transações, mas principalmente na coleta de dados. O portal Conexão Fintech, especializado em notícias do setor, define *insurtech* como o resultado da junção dos termos *insurance* (seguro) e *technology* (tecnologia) e que na prática são *startups* (empresas de tecnologia) que, por meio de soluções inovadoras e disruptivas, desenvolvem novas formas de como o consumidor contrata planos de seguro (de vida, imóvel, viagem, automóvel etc.) e também se relaciona com a seguradora ou corretora.

Para se ter uma ideia da importância do setor de seguros para a economia brasileira, segundo dados da CNseg, o segmento fechou o ano de 2019 com arrecadação de R$ 270,1 bilhões, excluindo saúde complementar (planos de saúde) e o seguro DPVAT, um aumento de 8,1% em relação ao ano de 2018, descontada a inflação. Mas o que as *insurtechs* podem contribuir para um mercado tão consolidado como o de seguros? A seguir, alguns benefícios que as *insurtechs* estão trazendo para o mercado de seguros:

1. Redução da burocracia e melhoria da experiência do usuário.
2. Ampliação do mercado com a atração de novos consumidores.
3. Personalização de serviços e cobertura de planos.
4. Promovendo a inovação com o desenvolvimento de novos serviços.

Youse plataforma digital da caixa seguradora

Com o *slogan* "Pra ousar na vida, você só precisa se sentir seguro", a Caixa Seguradora, formada pela Caixa Econômica Federal e a empresa francesa CNP Assurances, lançou em 2016 uma iniciativa pioneira no mercado brasileiro de seguros, uma plataforma totalmente *on-line* chamada Youse. Uma das principais inovações é a possibilidade de o consumidor contratar seguro auto, vida ou residencial por meio de uma plataforma totalmente *on-line* (*web site* ou aplicativo), sem o intermédio de um corretor, podendo fazer a customização de apólices, de acordo com coberturas e assistências mais adequadas às suas necessidades (Figura 1.1).

Fornecer um serviço confiável como uma seguradora convencional, mas com possibilidades de customização, é o segredo da Youse, conforme dados divulgados em seu *website* oficial, já são mais de 150 mil usuários do seguro auto, cerca de 20 mil sinistros pagos e mais de 130 assistências acionadas por dia. As simulações de contratação do seguro por meio do *site* ou aplicativo possibilitam mais de mil combinações de coberturas à escolha do consumidor, sempre com pagamento via cartão de crédito. Além da cotação, o cadastro, a vistoria e o acionamento para eventuais coberturas também podem ser feitos pelo aplicativo. Todas essas interações geram dados valiosos dos clientes para que a empresa aprimore constantemente a experiência digital do usuário em sua plataforma (Figura 1.2).

Pensando em incentivar a melhoria do desempenho do motorista no trânsito com o uso de um aplicativo que utiliza *gamification* para engajar o usuário, a Youse criou o Youse Trips. Voltado para motoristas que não precisam necessariamente ser usuários do seguro auto Youse. O Youse Trips pega carona na ten-

Figura 1.1 *Print screen home page* da Youse. Fonte: https://www.youse.com.br/quem-somos. Acesso em 15/07/2020.

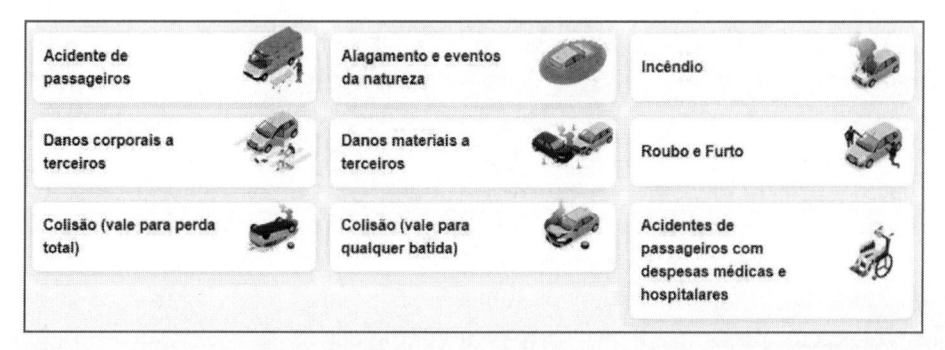

Figura 1.2 Coberturas do Seguro Auto Youse. Fonte: https://www.youse.com.br/seguro auto. Acesso em 15/07/2020.

dência dos aplicativos que ajudam a melhorar o desempenho no trabalho, estudos ou saúde por meio de monitoramento dos dados do usuário, metas diárias, alertas e recomendações voltadas a uma direção mais segura como não ultrapassar o limite de velocidade permitido e evitar freadas bruscas, atitudes que também podem reduzir o desgaste do veículo (Figura 1.3).

"Com o Youse Trips, o motorista pode mapear seu comportamento no trânsito, ver se há ocorrência de alguma atitude de risco e locais em que isso acontece com mais frequência", Bruno Mascarenhas, gerente de produto do Youse Trips.

Figura 1.3 Youse Trips. Fonte: https://start.youse.com.br/imprensa/youse-e-rede-globo-realizam-warroom-durante-merchandising-no-auto-esporte. Acesso em 15/07/2020.

O aplicativo Youse Trips está disponível nas plataformas Android e IOS e ao ser instalado no *smartphone* do usuário passa a utilizar recursos do próprio aparelho, como GPS, acelerômetro e giroscópio. A partir da instalação, o aplicativo coleta dados sobre o perfil do motorista gerando relatórios periódicos. A cada viagem o condutor poderá receber até 100 pontos do Youse Trips e, caso algum comportamento de risco seja identificado, pontos vão sendo descontados. Dessa forma, os pontuais semanais, mensais e anuais geram *rankings* que podem ser compartilhados, com isso, os motoristas podem ganhar medalhas que devem ser trocadas por prêmios como acessórios para o carro ou livros digitais da Amazon. O quadro 1.3 apresenta um resumo dos dados avaliados pelo Youse Trips.

Quadro 1.3 Dados avaliados pelo Youse Trips.

Velocidade: dados de respeito à sinalização de trânsito e aos limites de velocidade com a associação do perfil do usuário ao Google Maps	Aceleração: dados sobre a aceleração do veículo e potenciais riscos que esse tipo de condução pode gerar
Frenagens: freadas bruscas podem indicar que o condutor não está mantendo distância segura do veículo à sua frente gerando riscos de potenciais colisões	Curvas: condução nas curvas e dados de aceleração lateral do veículo também são coletados

Fonte: adaptado da Revista Autoesporte (2018).

Fica evidente que a Youse é uma *insurtech* que veio para ficar e está trazendo muitas inovações para o mercado com sua plataforma revolucionária e ferramentas úteis como o Youse Trips. Entretanto, outras *insurtechs* também têm surgido trazendo inovações para o setor, além disso as seguradoras tradicionais também estão evoluindo e se adaptando às exigências do mercado e quem ganha é o consumidor que terá mais opções de escolha.

▪ QUESTÕES SOBRE O ESTUDO DE CASO

1. Como uma *insurtech* com a Youse pode converter dados em ativos para o negócio? Exemplifique.
2. Podemos afirmar que a Youse construiu uma plataforma de relacionamento e não apenas um canal digital? Justifique sua resposta.
3. A proposta de *gamification* proposta pelo aplicativo Youse Trips contribui de que forma para a construção de uma rede de clientes? Justifique sua resposta.
4. De forma geral, podemos afirmar que uma *insurtech* é a adaptação da proposta de valor de uma seguradora tradicional? Exemplifique sua resposta.

REFERÊNCIAS

Cabral AS, Yoneyama T. Economia digital. Uma perspectiva estratégica para negócios. São Paulo: Atlas; 2001.

Caixa Seguradora. Disponível em: https://www.caixaseguradora.com.br/institucional/Paginas/Home- Institucional.aspx. Acesso em 15/07/2020.

Clements JP, Gido J. Gestão de projetos. São Paulo: Cengage; 2015.

Conexão Fintech. Disponível em: https://www.conexaofintech.com.br/insurtech/o-que-e-insurtech-2/. Acesso em 15/07/2020.

Cristensen C, Raynor M. The innovator's solution: creating and sustaining successful growth. New York: Harvard Business Review; 2003.

Doerr J. Avalie o que importa. Como o Google, Bono Vox e a Fundação Gates sacudiram o mundo com os OKRs. São Paulo: Alta Books; 2019.

Freeman E, Reed D. Stockholders and stakeholders: a new perspective on corporate governance. California Management Review. 1983;25(3):88-106.

Gaino AAP. Dissertação: inovação e território: uma discussão sobre a formação e consolidação dos parques tecnológicos no Brasil. PUC: Mestrado em Economia Política; 2012.

Ito J. Disrupção e inovação. Como sobreviver ao futuro incerto. São Paulo: Alta Books; 2018.

Kuazaqui E. Marketing internacional. Construindo e desenvolvendo competências em cenários globais. São Paulo: M. Books; 2007.

Kuazaqui E, Correa Jr CB, Teramoto C, Nakagawa MH. Marketing para ambientes disruptivos. São Paulo: Literare; 2017.

McDaniel C, Gitman LJ. O futuro dos negócios. São Paulo: Cengage; 2011.

Moller C. A era do capital humano. Visendus Business. São Paulo: HSM; 1995.

Numbers. Produtores: Nicolas Fallaci & Cheryl Heuton, CBS; 2005.

Oliveira DPR. Planejamento estratégico: conceitos, metodologias, práticas. 20ª ed. São Paulo: Atlas; 2004.

Osterwalder A, Pigneur Y. Business model generation. Self-published, 2009.

PORTAL STAR YOUSE. Disponível em: https://start.youse.com.br/mobilidade/youse-trips-o-app-que-te-ajuda-dirigir- melhor. Acesso em 17/07/2020.

Revista Autoesporte. Disponível em: https://revistaautoesporte.globo.com/Publicidade/Youse/noticia/2018/03/aplicati vo-youse-trips-ajuda-fazer-um-transito-melhor-e-mais-divertido.html. Acesso em 15/07/2020.

Rifkin J. O fim dos empregos. São Paulo: Makron; 1996.

Rogers DL. Transformação digital. Repensando o seu negócio para a Era Digital. São Paulo: Autêntica Business; 2017.

Surjan JT. O mundo por trás de um click. Depoimento concedido aos autores em 10/07/2020.

Tapscott D. Economia digital: promessa e perigo na era da inteligência em rede. São Paulo: Makron; 1997.

Torquato PRG, Silva GP. Tecnologia e estratégia: uma abordagem analítica e prática. Revista de Administração, São Paulo: 2000;35(1)72-5.

Capítulo 2

A Criação do BI: Inteligência de Negócios

> *"Decisões são a unidade de trabalho na qual iniciativas de BI devem ser aplicadas".*
> **Davenport, Thomas H. (2016)**

Objetivos deste capítulo:
- Discutir a importância da Inteligência de Negócios (BI).
- Discutir a importância da Curva de Experiência e Memória Competitiva para os negócios de uma empresa.
- Discutir as aplicabilidades dos conceitos e práticas.

INTRODUÇÃO AO TEMA

Este capítulo tem como proposta conceituar e discutir o *Business Inteligence* (BI), ou seja, a Inteligência de Negócios. Contextualizaremos sua importância para a sociedade e empresas, bem como de forma complementar com a Curva de Experiência e Memória Competitiva aplicadas ao processo decisório e aos negócios.

O QUE É INTELIGÊNCIA DE NEGÓCIOS?

Conforme a IBM (*International Business Machine*) (2020), BI é uma forma de revelar *insights* a partir de dados, desde diagnosticar a situação, coletar, organizar, interpretar, analisar e recomendar passos de forma a redefinir novos caminhos, até sustentar aqueles que se provaram como promissores e necessários. *Permite realizar a gestão inovadora e inteligente de uma empresa, seus negócios e portfólio de oportunidades e clientes.*

Muitas empresas são direcionadas pelo intuito, muitas vezes sustentado pelo empirismo de "acho que" a partir de percepções individuais, de um empreendedorismo, bem como pela experiência de vida ou mesmo pelo *benchmarking* competitivo. Essas atitudes podem conduzir a decisões mais rápidas, algumas vezes assertivas, mas nem sempre com os objetivos alcançados com os recursos e resultados devidamente mensuráveis e necessários. Além disso, existe sempre o risco das operações, principalmente se as decisões não forem alicerçadas por uma base sólida de dados e informações consistentes. Dessa forma, pode-se afirmar que se trata de uma resposta para os problemas em encontrar as soluções empresariais com a sustentação da Tecnologia da Informação (TI). Em outro nível, permite o aproveitamento de oportunidades latentes e inexploradas, promovendo a vantagem competitiva necessária.

Mais do que melhorar os simples processos que visam à aquisição de algum ativo tecnológico para suprir necessidades específicas de uma empresa, como o processamento de uma folha de pagamento, envolve uma visão mais sistêmica e integrada da empresa, de seus negócios e principalmente mercados, onde a tecnologia passa a ser parte integrante e colabora de forma integral para a proposta de valor para o que a empresa quer oferecer ao mercado.

No planejamento estratégico da empresa, contextualizado com o BI, devem constar:

Coleta de dados – conforme visto no capítulo anterior, dados são um dos pilares principais da transformação digital. *Pode-se considerar a principal*

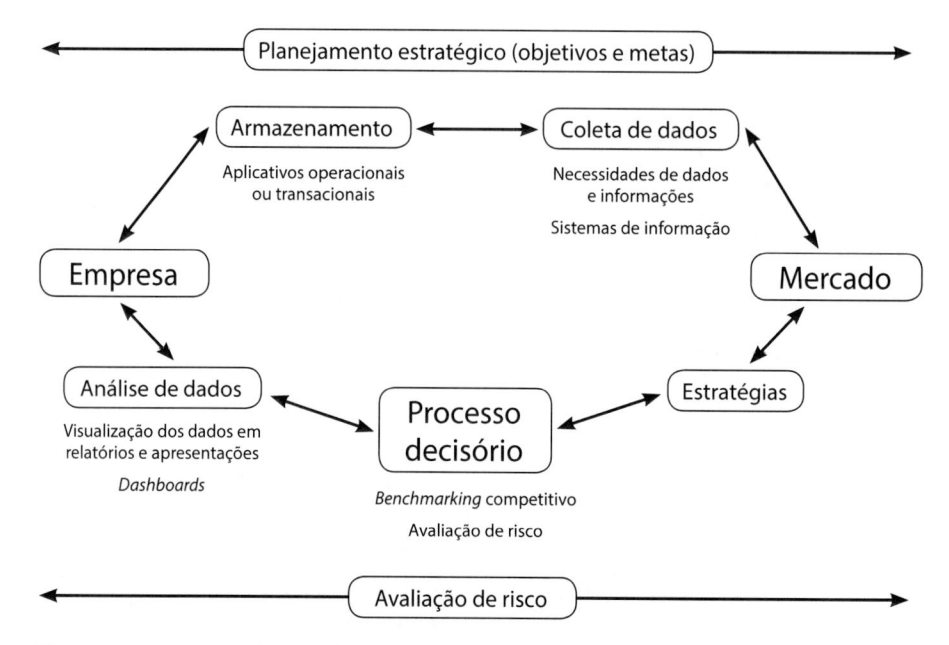

Figura 2.1 Visão sistêmica da estruturação de BI. Fonte: Kuazaqui (2020).

unidade de trabalho de qualquer negócio. A identificação das necessidades de dados e informações, como os de origem interna (como os relatórios internos dos departamentos da empresa) e os de origem externa (como as originadas das variáveis macroambientais, concorrentes) e demais outras que a empresa possa obter e que esteja à frente de seu tempo.

Armazenamento de dados – uma das questões importantes reside onde armazenar os dados, de forma a garantir sua integridade e segurança. Conforme os negócios de uma empresa vão se expandindo, também se avolumam a necessidade de resguardo de dados e as informações com integralidade e segurança. A empresa pode dispor de *workspaces* individuais e de uso comum, além de *clouds* (nuvens). Aliás, o especialista em *cloud computing* é uma das profissões identificadas como as de futuro neste ambiente de transformação tecnológica.

Análise de dados – o armazenamento é realizado no banco de dados (*Data Warehouse*), onde se possam realizar a organização e a análise dos conteúdos e apresentados pelos *dashboards*, que mostram dados, métricas e indicadores de forma consistente e bastante visual, em que a empresa tem a oportunidade de compreender melhor o ambiente de negócios e a empresa.

Processo decisório – em que a decisão deve ocorrer de forma mais assertiva e com menores riscos, por meio da melhoria da previsibilidade, antecipar problemas e possibilitar a priorização de projetos mais importantes. Em síntese, torna o processo decisório mais seguro e ágil para aproveitar as oportunidades.

Estratégias – são variadas quanto ao foco, podendo ser nas áreas de Produção, Finanças, *Marketing*, Gestão de Pessoas, ou de forma integrada entre outras áreas importantes. O importante é que haverá harmonia e sinergia entre os componentes que fazem parte de toda estratégia. Tanto o Processo Decisório como as Estratégias envolvem inclusive a própria Tecnologia da Informação (TI), como protagonista de sua própria área, bem como daquelas que influenciará.

Saímos do planejamento estratégico tradicional, pois muitas vezes considerava- se a estrutura do planejamento estratégico e não necessariamente a incorporação de uma visão integrada de números que sustentam e influenciam o planejamento estratégico. A gestão é realizada por meio dos indicadores de gestão, em que o Controle e a Avaliação permitem entender, a partir dos objetivos e metas do planejamento estratégico, o que a empresa realizou e se está de acordo com o que foi planejado. O BI não se limita somente na própria ferramenta, mas está diretamente correlacionado às outras ferramentas, como *Customer Relationship Management* (CRM), *Supply Chain Management* (SCM), *Electronic Data Interchange* (IED), *Enterprise Resource Planning* (ERP), entre outras. Trata-se de um conceito orgânico, que não deve ser visto de forma unilateral, mas de forma mais integrada, visando com que a análise de dados e informações no ambiente virtual possibilite a identificação e solução de problemas para os consumidores da empresa, bem como dela própria.

> **Você sabia?**
>
> Strange Things (2016-) é um seriado que se trata de conjunto equilibrado de referências a Star Wars, ET, Alien e contatos imediatos do terceiro grau, que a Netflix identificou como dados e atributos valorizados pelo consumidor, gerando uma série de ações que a tornaram um sucesso de audiência mundial. Esses dados e atributos valorizados pelo consumidor estão diretamente relacionados à proposta de valor que a empresa pretende entregar ao mercado, diluídos na comunicação, capítulos e tudo que estiver relacionado aos produtos e aos serviços.

Um dos objetivos principais do BI é a análise e a interpretação de grande volume de dados, identificando oportunidades latentes de mercado e tangibilizando-as em negócios a partir de estratégias baseadas em dados, o que permite diferenciais e vantagens competitivas.

Conforme Carmo (2020, p. 26), "Nunca foi tão difícil prever o que pode ou não dar certo dentro das estratégias empresariais. Ao reconhecer, porém, que esse cenário de incerteza é definitivo, as organizações poderão se adaptar mais facilmente às transformações e definir melhores caminhos para seus negócios. Esse é um dos desafios!!!

MEMÓRIA COMPETITIVA

Parte das vacinas, inclusive ao combate da COVID-19, vem da premissa da memória imunológica, em que o organismo humano presencia indícios de reações passadas a partir de novas ocorrências. Paralelamente, Geus (1999) considera que uma empresa é um elemento vivo, sujeito às influências internas e externas. Uma das grandes diferenças é que, no caso de uma pessoa, estamos tratando essencialmente de um indivíduo que pode resguardar as reações e sua memória. No caso de uma empresa, pelo seu conceito direto, estamos tratando essencialmente de uma organização constituída por pessoas que contribuíram/contribuem para os negócios de uma empresa, tornando-se então o processo mais complexo, dinâmico e por que não dizer mais interessante?

Muitas organizações vivenciam o presente sem se preocupar com o que aconteceu no passado e que fatos e consequências futuras poderão ocorrer. Ou, nem todas, têm o hábito saudável e profissional de registrar e justificar suas ações presentes e que influenciarão o futuro. Não se trata de um hábito humano normal, devendo então ser sistematizado. O BI realiza as análises a partir de dados históricos passados, devidamente registrados, e presentes, os quais possibilitam que haja projeção e previsões futuras por meio da construção de cenários. Em contraponto, a *learning curve* (curva de experiência) registra o que a empresa realizou, como e com quais resultados. Tem na tecnologia da informação (TI) uma grande aliada para coletar, armazenar e apresentar resultados numéricos que possam influenciar no processo decisório e nas estratégicas.

Learning curve

A curva de experiência é um conceito que tem origens na Psicologia e está contextualizada com a memória e a evolução da aprendizagem humana (Figura 2.2). Posteriormente, foram incorporadas na economia, em razão de as pessoas serem consideradas meios de produção econômica, envolvendo inclusive temas como sinergia, produtividade e economia de escala, onde se percebeu que havia um padrão de aprendizagem contextualizada com o tempo, dispensado para a produção acumulada e com custos unitários cada vez menores. Por vezes, empresas mais longevas deixam de registrar conhecimentos

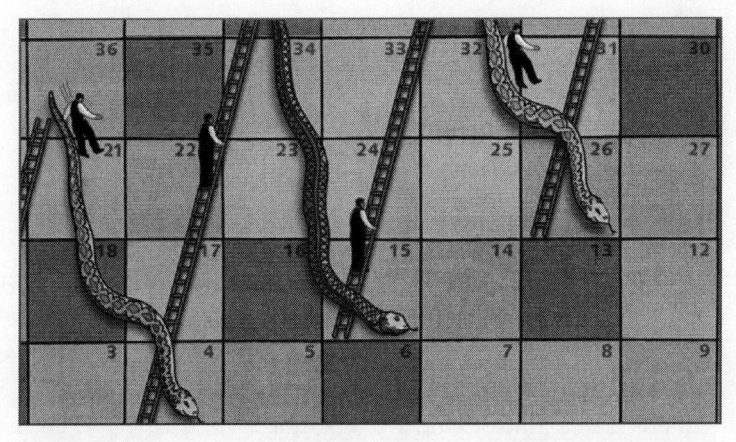

Figura 2.2 Curva de experiência. Fonte: BCG (2013).

e experiência por incompetência ou mesmo desconhecimento, o que pode conduzir a situações de repetições de erros e omissões cíclicas. A situação se agrava onde existem empresas com *turnover* elevado e sem a preocupação em registrar sistematicamente suas ações.

Mais adequado é o termo experiência, que contemporaneamente agrega tanto conhecimentos quanto a retenção de resultados auferidos, o chamado aprendizado. Com o tempo, sua aplicação expandiu-se de produção para outras áreas, inclusive analogamente na gestão de pessoas e negócios. Por outro lado, deve-se entender que a análise deve considerar não somente o ambiente interno da empresa, mas também todas as variáveis externas, incluindo as variáveis macroambientais que podem interferir nos resultados de negócios das empresas (Figura 2.3).

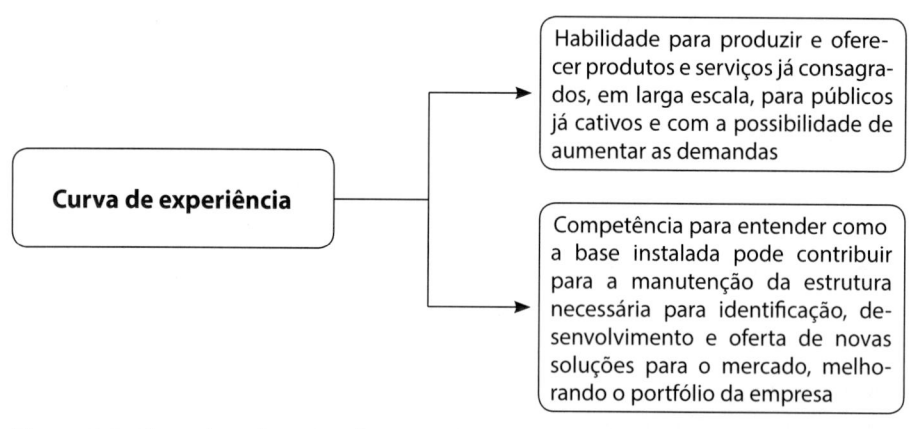

```
                          ┌──────────────────────────────┐
                          │ Habilidade para produzir e   │
                          │ oferecer produtos e serviços │
                     ┌───▶│ já consagrados, em larga     │
                     │    │ escala, para públicos já     │
                     │    │ cativos e com a possibilidade│
                     │    │ de aumentar as demandas      │
┌──────────────────┐ │    └──────────────────────────────┘
│ Curva de         │─┤
│ experiência      │ │    ┌──────────────────────────────┐
└──────────────────┘ │    │ Competência para entender    │
                     │    │ como a base instalada pode   │
                     │    │ contribuir para a manutenção │
                     └───▶│ da estrutura necessária para │
                          │ identificação, desenvolvimento│
                          │ e oferta de novas soluções   │
                          │ para o mercado, melhorando o │
                          │ portfólio da empresa         │
                          └──────────────────────────────┘
```

Figura 2.3 Tipos de aplicações da curva de experiência. Fonte: Kuazaqui (2020).

Como dados, temos a necessidade de que a empresa esteja devidamente estruturada, com os processos identificados e devidamente registrados, de forma com que a empresa possa capturar dados como custos efetivos, recursos utilizados, esforços necessários e resultados auferidos, contextualizados com todas as particularidades que envolveram tais processos.

Conforme Palmer e Blake (2019, p. 111), "a tecnologia é inútil se você não começar com uma base e uma estratégia sólidas para o que deseja fazer com a aprendizagem". Considere o termo "aprendizagem" o que fazer com a tecnologia. Tudo tem um propósito. Nem todas as empresas estão conscientes dessas necessidades de dados e informações e/ou preparadas e com isso podem perder a competitividade necessária.

Como consequências diretas, possibilita com que a empresa possa crescer de forma mais sustentada e mais opositora em mercados altamente competitivos.

Em síntese, trata-se de uma forma de registrar e reter a memória competitiva organizacional, propiciando a gestão estratégica de recursos e o aumento da margem de lucratividade. Um importante ponto a considerar é que se trata de um direcionamento e não necessariamente de um padrão de comportamento estático. Tem de ser bastante dinâmico.

No primeiro caso, temos a indústria automobilística tradicional e as estratégias genéricas de setor, que sempre foram orientadas para a redução de custos pelo aumento da quantidade produzida – economia de escala e produtividade. Por outro lado, com o advento do crescimento dos aplicativos de mobilidade urbana, temos a previsão da necessidade de reposicionamento dessa indústria, onde parte das vendas será transferida do BtoC para o BtoB.

Com essas perspectivas, é possível identificar os investimentos necessários e respectivas contribuições para o negócio, que tipo e qual intensidade do investimento tecnológico.

Deve nortear as decisões dos gestores sem, contudo, limitar as decisões presentes que irão influenciar o futuro com os conhecimentos e experiências do passado. Obter a excelência organizacional presente e a perenidade no futuro.

INTELIGÊNCIA ARTIFICIAL

Pode-se afirmar que o mundo passa por uma nova Revolução Industrial, que envolve a Transformação Digital e a Inteligência Artificial (IA), em que o fenômeno é liderado pela tecnologia e a utilização da inteligência como forma de melhorar a *performance* das empresas. *A Transformação implica uma realidade de ser e pensar diferente,* que a empresa possua uma nova Digital, estrutura digital e gestão, de forma a integrar as tecnologias necessárias para o desenvolvimento competitivo organizacional. A diversidade tecnológica, em termos de aplicações, como a Realidade Virtual (VR), *Internet of Things* (IoT) e Robótica, por exemplo, desempenham importantes papéis nas aplicações tecnológicas, inclusive a IA, como meio convergente dessas tecnologias e outras.

A IA pode ser definida como um conjunto de múltiplas tecnologias que potencializam as capacidades e esforços de atividades humanas. Possui a capacidade para detectar, aprender (repetir de acordo com padrões estabelecidos) e agir de forma autônoma, diferentemente do *Machine Learning,* sendo capaz de reproduzir processos da inteligência humana por meio de sistemas e programas especializados, que utilizam a fala e a visão de máquina.

> **ESPECIAL: *MACHINE LEARNING* vs. *DEEP LEARNING* vs. INTELIGÊNCIA ARTIFICIAL**
>
> Máquinas têm a capacidade de aprender? A princípio não, pelo menos do ponto de vista de como entendemos conhecimento e aprendizado. Drones podem ter capacidade de guardar na "memória" obstáculos que podem ser contornados conforme a repetição de atividades, mas não realmente afirmar que esse aprendeu com as experiências. Dessa forma, *Machine Learning* (ou como alguns citam, *Learning Machine* – Aprendizado de Máquina) tem grande importância, principalmente dentro da realidade de BI, que torna mais fácil encontrar padrões de dados a serem retirados do mercado e a análise de valor. Conforme a IBM (2021), trata-se de tecnologia que permite com que os computadores têm a capacidade de aprender, conforme as respostas esperadas, por intermédio das associações de dados diversos, como números, imagens e tudo o que a tecnologia pode com um dado. Seu funcionamento deriva do modelo tradicional, onde se cria um grupo de regras que, a partir de processamento, pode-se gerar outro grupo de respostas. Um exemplo bem embrionário está no autoatendimento bancário por telefone. Já os modelos mais avançados estão alicerçados em algoritmos, criados a partir de dados e que ao final do processo, baseado nas respostas, o sistema cria as próprias regras ou outras questões. Necessita de pessoal mais especializado, como o de um cientista de dados para o pré-processamento de dados para a entrega dos algoritmos na busca de padrões. Um exemplo está relacionado ao portfólio de investimentos e ao perfil do investidor. Outro exemplo é o do Dr. Watson da IBM. Um ponto fundamental é a intervenção manual na escolha dos recursos. No caso do *deep learning*, o processamento é mais intuitivo. Já a inteligência artificial exige uma computação de melhor desempenho, considerada mais superior do que a própria inteligência humana, pelo foco em uma atividade específica, como o caso do *Deep Blue* da IBM que venceu, em 1997, Garry Kasparov, campeão mundial de xadrez.

Já foi o tempo no imaginário coletivo de que as máquinas poderiam ter a capacidade de descobrir os mais íntimos desejos das pessoas e exercer indubitável poder de influência coercitiva sobre o mercado. Obras como Eu, Robô (2014) de Isaac Asimov retratam no passado uma visão esperada de futuro, bem como o "supercomputador" Hal retratado no filme "2001: Uma odisseia no espaço", baseado no livro homônimo de Arthur C. Clark (2020).

> **Você sabia?**
>
> Black Mirror (2011-) é uma série que aborda temas polêmicos a partir de premissas de como a tecnologia influenciará nosso cotidiano. Por vezes instigante, por vezes assustadora, nos conduz para reflexões da interferência e contribuição no cotidiano social e comportamental da tecnologia em nossas vidas. No capítulo Nosedive, por exemplo, uma mulher procura desesperadamente aumentar seu *score* de popularidade positiva sem, contudo, obter o êxito conforme planejado (IMDB, s/d).

O quociente de inteligência (QI) é uma espécie de indexador que procura estabelecer uma métrica a partir da aplicação de testes desenvolvidos para avaliar as capacidades cognitivas individuais humanas. Embora seja criticado como uma avaliação reducionista por muitos, o principal objetivo é a possibilidade de diagnóstico individual e posteriormente de grupos, para estabelecer um programa de capacitações para a expansão da "inteligência". Reuven Feuerestein (1921-2014) é um dos defensores da capacidade de desenvolvimento do aprendizado mediado. Uma das críticas é a aplicação de exercícios e/ou testes a partir de premissas que se consideram corretas e racionais, a avaliação da inteligência humana. E nem sempre a inteligência humana pode ser reduzida somente pelo raciocínio lógico, mas também comportamental e principalmente emocional.

De longe essa tecnologia não substituirá a inteligência humana, mas poderá beneficiar em muito as relações entre empresa e mercado, pela própria substituição de tarefas e processos, sem precisar ter períodos de descanso. Tem influenciado as formas como realizamos as atividades diárias, com nossos negócios, com nossos colaboradores internos e externos, clientes e respectivas estratégias. Conforme a IBM (s/d), a tomada de decisão será melhorada com a utilização de ferramentas baseadas em dados nos valores estimados de U$ 2 trilhões de dólares, tornando as empresas mais competitivas.

A IA tem a capacidade de solucionar problemas por meio de algoritmos que se desenvolvem a partir de repetições e muitos consideram um aprendizado, porém a intervenção humana é primordial para que tudo ocorra da melhor maneira possível. Não é admissível que, por exemplo, a IA seja utilizada para ir redirecionando o atendimento telefônico indefinidamente, pois a empresa não tem à sua disposição colaboradores disponíveis no momento do atendimento do cliente.

Como exemplos, temos sua aplicação em segurança privada direcionada para a proteção de residências, detectando e reduzindo danos privados residenciais. Por outro lado, embora algumas empresas utilizem de forma incorreta a IA, questões relacionadas ao atendimento a clientes podem ser melhoradas com a utilização de *chatbots*, com a interação de dados e informações. Finalmente, duas áreas que a IA terá grande influência e destaque: produção e recursos humanos.

A IA ajudará, além da melhor decisão, em grande suporte relacionado à produção e à mecanização, bem distante do conceito de *learning machine*, mas como realmente uma ferramenta tecnológica para ser mais do que uma máquina que aprende, mas consegue evoluir a partir de práticas e experiências. Como exemplos, temos a vinícola, produtora de vinhos, que sensorizou as tampinhas de suas bebidas para acompanhar e monitorar o trajeto de seus produtos, quanto tempo permaneceu no canal de distribuição, adegas, se foram dadas como presentes, até o consumo final. Outro exemplo é a *Michelan*, conhecida tradicionalmente pelos amortecedores, mas que se considera provedora de soluções, pois informa o consumidor quando será necessária a manutenção das peças que produz e não quando o produto apresentar falhas, obrigando o cliente a ir em uma concessionária ou mecânica para realizar o reparo.

A área de Recursos Humanos está sendo muito beneficiada pela IA. Além de automatizar os processos relacionados ao agendamento de entrevistas, auxilia na seleção por meio de filtros nos melhores perfis, bem como na contratação de colaboradores internos, pois os aspectos humanos não serão eliminados, mas sim potencializados. Como exemplo, temos o profissional que exerce o controle de qualidade em uma grande indústria, que passará a utilizar o *Big Data* como analista de dados industriais.

Em síntese, a IA ajuda a empresa a revolucionar os serviços prestados pela empresa, porém ela não pode ser considerada a principal razão do sucesso de um negócio. Pessoas ainda continuam sendo como uma das principais razões de sucesso de qualquer organização.

Considerando as duas áreas – Produção e Recursos Humanos –, qual é o objetivo da empresa na implementação de ferramentas tecnológicas para a IA? O que é mais importante para a empresa – Valor ou Desempenho? Veja esta análise no capítulo sobre Gestão de Pessoas! Concluindo, o fundamental é compreender que a gestão passa por diferentes níveis hierárquicos, necessitando da convergência das tecnologias com o ser humano.

CONCLUSÕES

O mundo gera um grande volume de dados e informações. Nunca se produziu tantos dados e informações e, por vezes, esse conjunto não está apresentado de forma categorizada e organizada, mas com uma série de combinações que podem representar diferentes resultados de acordo com a forma de organização. Dessa forma, o BI se torna um dos grandes diferenciais competitivos para todas as organizações que pretendem interpretar melhor o mercado, respectivos cenários, bem como compreender de forma mais clara a dinâmica de seus negócios e respectivos comportamentos de consumidores.

▪ QUESTÕES SOBRE O CAPÍTULO

1. O que pode ocorrer quando a empresa recorre *insights* a partir de dados e informações e também em intuições individuais?
2. Qual a contribuição da Curva de Experiência para o desenvolvimento de negócios de uma empresa?
3. A tecnologia pode tornar-se inútil ou defasada? Justifique e exemplifique sua resposta.
4. Qual a relação entre a Memória Competitiva com a Inteligência de Negócios?
5. Explique como uma empresa pode desenvolver o BI, discutindo as facilidades e dificuldades desse processo.

▪ ESTUDO DE CASO – O DESAFIO DO VESTIBULAR 100% *ON-LINE**

Em meados de março de 2020, quando iniciamos a preparação a "toque de caixa" para a vida *on-line* em decorrência da quarentena, a TI focou seus esforços inicialmente na oferta de uma boa experiência para o ensino e a aprendizagem e em um modelo ideal de suportar as operações de forma 100% remota. Estava lançada a ESPM totalmente *on-line*. Em 10 dias, com todo o departamento de TI envolvido, obtivemos sucesso na empreitada: 100% da grade disponível *on-line* e praticamente todo o corpo docente e funcionários administrativos tocando essa mudança de suas casas. Transformamos os monitores de laboratório em uma central de atendimento e suporte técnico exclusivo para professores e alunos. Definimos o *Microsoft Teams* como principal ferramenta de comunicação corporativa e o suporte a utilizou como base de conhecimento e fluxo de chamados. Tivemos alguns ajustes e dificuldades durante o processo, como a onda de notícias sobre a segurança no *Zoom*, problemas com uso de telefone de forma remota, alguns alunos, professores e funcionários administrativos com problemas de conexão. Mas a escola conseguiu operar dentro da normalidade e mantendo a oferta nos moldes ESPM: conteúdo de qualidade, excelentes professores, inovação e inusitude. Sabe-se que pouquíssimas escolas conseguiram chegar ao patamar em que nos encontramos hoje em tão pouco tempo.

---

*Estudo de caso desenvolvido a partir de entrevista com Paulo Henrique Marsula, diretor de TI da ESPM, em 19/07/2020, autorizado e revisado em 27/07/2020.

Mas algo havia sido deixado de lado: o Vestibular. No fundo, acredito que ninguém tinha a noção de quanto tempo duraria o confinamento, por isso não nos preocupamos em um primeiro momento.

À medida que o tempo passava, os indicadores da pandemia apontavam para o inevitável: teremos que pensar no vestibular. O Professor Alexandre Gracioso, nosso Vice-Presidente Acadêmico, convocou um grupo de trabalho multidisciplinar que tratou todas as questões do vestibular do início ao fim. A decisão de montagem desse grupo mostrou um grande acerto desse novo projeto: discussões *on-line* de modelos, alternativas, riscos e efeitos foram colocados desde o começo, fazendo com que o grupo tomasse decisões dentro dos poucos generosos prazos.

Tudo começou pelo modelo a ser escolhido e a preocupação com a idoneidade do processo. De maneira alguma a ESPM correria o risco de impugnação do vestibular por eventuais brechas de um modelo *on-line*.

Para tomarmos a decisão do modelo correto, precisaríamos conhecer as plataformas existentes no mercado (não teríamos tempo de desenvolver internamente nem de realizar uma RFP clássica). Aqui preciso citar algo importante: grande parte do sucesso na operação de aulas *on-line* deve-se às escolhas corretas feitas em 2019: a plataforma AVA (*Canvas*) e a ferramenta de aulas *on-line* (*Zoom*). Além de criteriosamente selecionadas, já estavam em uso pelos nossos cursos EAD, o que trouxe tranquilidade no momento da migração dos cursos presenciais.

Infelizmente, nenhuma plataforma para a realização de testes de múltipla escolha que possuíamos atenderia o vestibular no modelo clássico.

Alguns requisitos importantes a serem considerados: idioma, facilidade e amplitude de uso (multiplataforma), acompanhamento dos testes (humano ou por IA), gravação da execução da prova e segurança antifraude cibernética (exemplos: recursos de *safe browser*, possibilidade de um terceiro controlar a máquina do candidato ou possibilidade de exportação de imagens para serem respondidas por terceiros).

Fomos para o mercado, considerando inicialmente a plataforma que nossos cursos EAD estavam testando para o mesmo fim: provas a distância. Após alguns testes feitos pelas equipes de TEA (tecnologia de ensino e aprendizado) e SI (segurança da informação), concluímos que a ferramenta não atendia requisitos de segurança e usabilidade ideais, além de se mostrar muita cara para nossa proposta.

O mercado, atento à movimentação, começou a se mexer e iniciamos uma rápida pesquisa de alternativas. Descartamos plataformas "gringas" que não possuíam suporte em português e acabamos ficando com 2 alternativas, devidamente preparadas para o Brasil, com alguns casos de uso interessantes e dispostas a conversarem.

Todos esses testes eram devidamente comunicados ao grupo de trabalho do vestibular, que anteviu a dificuldade de encontrarmos a plataforma ideal para provas objetivas e começou a pensar em um novo modelo.

Em 15 dias concluímos os testes: uma das plataformas mostrou bons indicadores de segurança e usabilidade, entretanto, não atendia os requisitos de segurança para plataforma *Apple*. E sabemos que a maioria de nossos alunos é usuário *Apple*. A outra plataforma também teve bons resultados de segurança. Entretanto, além de problemas semelhantes à outra na plataforma *Apple*, também havia o detalhe de não gravar o vídeo da prova, e sim trabalhar com *Snapshots* da câmera do candidato, de tempos em tempos.

Conclusão: não teríamos as condições de oferecer o vestibular clássico da forma *on-line* cumprindo as exigências de padrão ESPM.

Importante citar que as 2 plataformas finalistas passaram por sessões de *feedback*, estamos investindo nas melhorias esperadas e devemos contar com elas no futuro.

Tínhamos um problema em mãos: como seria o vestibular *on-line*. Já havíamos preenchido parte das vagas com as entradas ENEM, IB e outras. Mas a absoluta maioria de vagas é ofertada por meio de vestibular.

Sem entrar em detalhes da escolha do modelo (que a meu ver é um *case* incrível, de autoria do NIP-Núcleo de Inovação Pedagógica), optamos por um vestibular em 2 etapas: entrevista com avaliação e redação com vídeo curto. Esse modelo tranquilizou muito a TI no que diz respeito a requisitos de segurança. Mas ainda assim seria uma quebra de paradigma nos processos de vestibular e nossa plataforma deveria seguir um modelo padrão ESPM. Aqui envolvemos a equipe de negócios e sistemas de TI, pois haveria mudanças significativas no processo e algumas possíveis adaptações da plataforma de inscrições e apuração existentes.

A primeira etapa seria a entrevista feita por um professor, por meio de agendamento. O professor faria as perguntas definidas e o aluno receberia uma nota para cada questão, considerando aspectos comportamentais, habilidades e atitudes. Essa seria a regra.

Resolvemos a questão usando nosso sistema de agendamentos para vestibular, já utilizado no processo de seleção para a pós, o *Zoom* para as entrevistas e a ferramenta de rubricas do *Canvas* na tela do professor para a captura das avaliações. Tudo feito novamente a "toque de caixa".

A Central de Relacionamento lançou as agendas. Os novos candidatos já entravam com a opção e agendamento. Os que já estavam inscritos antes da decisão da plataforma receberam ligações da central para efetuar o agendamento. Foram criadas 3 grandes salas no *Zoom*, uma para cada *Campi*, em que a central era o *host* e salas paralelas simultâneas para cada professor, para onde o aluno agendado era direcionado. Mais uma vez o *Zoom* e o *Canvas*, agora com a ajuda da plataforma de processo seletivo da ESPM, deram conta do recado.

A redação seria realizada na data do vestibular, com duração de 2:30 horas e gravação de um vídeo de 3 minutos para a explicação do raciocínio utilizado na redação, a partir da escolha do tema entre as opções.

Decidimos utilizar novamente o *Canvas*. Dessa vez, o candidato faria o acesso à plataforma e devidamente identificado faria sua parte no módulo de testes. Esse módulo nos pareceu uma boa escolha, pois permitia a digitação da redação sem a perda dos dados em caso de problemas na conexão ou no computador do candidato.

Uma semana antes do vestibular colocamos a equipe de suporte de monitoria *on-line* para entrar em contato com cada candidato para testar o acesso dele previamente, evitando estresses desnecessários no dia da prova. O alcance não foi total. Dessa forma, decidimos que essa equipe ficaria 100% disponível no dia da prova para suporte telefônico de apoio técnico aos alunos. Integramos a equipe de secretaria ao grupo para dúvidas não técnicas, todos trabalhando por meio do *Microsoft Teams* para a comunicação fluir de forma controlada e registrada. O pessoal de infra, TEA e sistemas também ficou disponível para o suporte. Parte da equipe trabalhou em *home-office* e parte esteve presente na escola, sempre seguindo as normas de segurança e saúde.

A equipe atendeu 243 ligações no dia da prova, todas resolvidas, e tivemos somente 3 ligações abandonadas.

Não menos importante foi a realização do *VestibulON*, a versão *on-line* do *Vestibulounge*, tradicional evento de acolhida das famílias dos candidatos. Só que dessa vez seria *on-line* e um dia antes da prova. Foi criada pelo departamento de *marketing* uma página com os *links* das apresentações, vídeos de visita às instalações e na data os participantes puderam interagir com os coordenadores de curso por meio de palestras via plataforma *Zoom*, acessadas através da página do evento.

Concluída a redação, foi iniciada a correção por parte dos professores, com a adição do recurso de verificação antiplágio *Urkund*. Em 3 dias as notas estavam prontas.

As notas de redações e das entrevistas foram então carregadas em nosso sistema de apuração e, daí em diante, divulgação e vida normal. Mais um vestibular movimentado e candidatos felizes. Mas ainda faltava resolver a inscrição de forma *on-line*. Novamente utilizamos uma solução de nosso catálogo: captura de documentos e certificação digital (*Onbase*) para receber os documentos dos aprovados pela *internet*.

Missão cumprida. Agora as equipes de TI devem trabalhar em uma análise detalhada e propor ajustes e melhorias para os próximos processos. E que venham novos desafios.

■ QUESTÕES SOBRE O ESTUDO DE CASO

1. Que lições podem ser aprendidas a partir da decisão em utilizar o vestibular *on-line* pela ESPM?
2. Que dificuldades ou facilidades podem ser identificadas com essa mudança de seleção de futuros alunos?
3. Como se aplicam a Memória Competitiva e a Curva de Aprendizagem neste caso?
4. Na sua opinião, este modelo de seleção deve ser mantido no período de pós-pandemia (fim do distanciamento social)?
5. Como a tecnologia pode contribuir nesse processo de seleção, além das entrevistas *on-line*?

REFERÊNCIAS

Asimov I. Eu, robô. São Paulo: Aleph; 2014.

BCG. BCG Classics Revisited: The Experience Curve, 28/05/2013. Disponível em: https://www.bcg.com. Acesso em 03/07/2020.

Carmo K. Planeje-se para as mudanças. Revista ADM PRO Administrador Profissional. Maio/Junho/2020, Ano 43 nº 394. São Paulo: Conselho Regional de Administração de São Paulo (CRA); 2020. p. 26-8.

Clarke AC. 2001 – Uma odisseia no espaço. 3ª ed. São Paulo: Aleph; 2020.

Davenport TH. Business Inteligence. Disponível em: http://www.hbrbr.com.br. New York: HBS, 2016.

Geus A de. A empresa viva. Rio de Janeiro: Campus; 1999.

IBM. O que é a inteligência de negócios? Descubra histórias ocultas em seus negócios. Disponível em: https://www.ibm.com, s/d. Acesso em 04/06/2020.

IBM. Machine Learning e Ciência de Dados com IBM Watson. Disponível em: https://www.ibm.com/br-pt/analytics/machine-learning, 2021. Acesso em 23/04/2021.

IMDB. Black Mirror. Nosedive. Disponível em: m.imdb.com. Acesso em 31/03/2021.

IMBD. Strange Things (2016-). Disponível em: https://www.imdb.com/title/tt4574334/. Acesso em 21/12/2022.

Palmer K, Blake D. Expertise competitiva. Como as empresas mais inteligentes usam o aprendizado para engajar, competir e ter sucesso. São Paulo: Alta Books; 2019.

Capítulo 3

Bem-Vindos ao Mundo Analítico

"A tecnologia move o mundo".
Steve Jobs (s/d)

Objetivos deste capítulo:
- Desenvolver os conceitos e importância da análise de grandes volumes e fluxos de informação.
- Discutir o *Big Data*.
- Discutir a *Internet of Things* (IoT).
- Discutir a Lei Geral de Proteção de Dados (LGPD).
- Discutir *Compliance* e Gestão da Reputação.

INTRODUÇÃO AO TEMA

A Transformação Digital é um processo ainda em evolução e, desculpem a redundância, em constante transformação, contextualizada principalmente com a quantidade de dados e a velocidade nas quais esses dados e informações são produzidos e circulam e/ou mesmo são necessários para o destaque competitivo de empresas. Nesse aspecto, destaca-se o *Big Data* e a *Internet of Things* (IoT). Tudo devidamente organizado de acordo com os padrões organizacionais e a LGPD (Lei Geral de Proteção de Dados) e *Compliance*. É o que veremos neste capítulo.

BIG DATA E O MUNDO ANALÍTICO

A *British Airways* utiliza um aplicativo que permite com que a tripulação chame cada passageiro pelo nome e ofereça um agrado no voo de volta, caso haja algum problema como atraso na ida. Com isso, criou um serviço de fidelidade de clientes a partir dos laboratórios de computação (conforme a Exame.com, 2015).

O *Big Data* está contextualizado com esse grande volume de dados, que se apresentam dispersos e também de forma organizada e que são gerados a cada momento no mundo. Podem ser categorizados por estruturados (originados do banco de dados de empresas) e não estruturados (como os originados dos ambientes virtual e externo, como vídeos, mensagens e imagens) e que são gerados a cada segundo. Trata-se de um processo de coleta e interpretação de dados que possibilita a análise de um grande volume de dados, que alicerça o processo decisório e o desenvolvimento de estratégias que nem sempre todas as empresas têm a oportunidade de aplicar, em razão de não terem o acesso completo das mudanças e transformações do ambiente de negócios, bem como não estarem devidamente estruturadas (Figura 3.1).

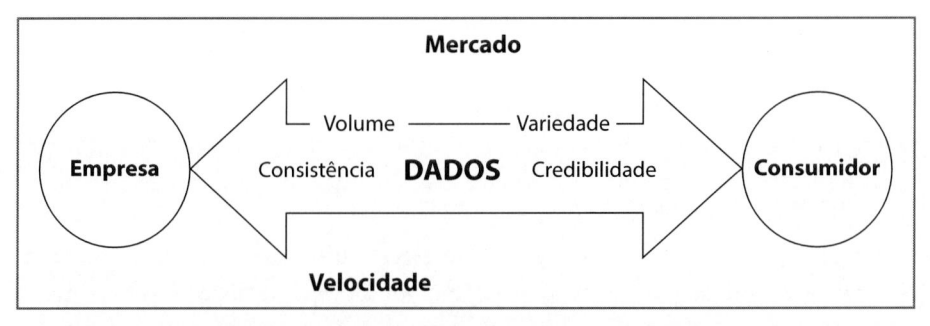

Figura 3.1 Fatores componentes do *Big Data*. Fonte: Kuazaqui (2020).

De acordo com a *Internet Live Stats* (2020), são realizadas por segundo no mundo 67,0 pesquisas no Google, 7.000 *Twitters* postados, 69.000 vídeos exibidos no Youtube e 2,4 milhões de *e-mails* enviados. Esse pequeno recorte representa a grandiosidade da evolução de dados, bem como na sua variedade e velocidade, pois circulam ainda dados e informações de empresas, pessoas, instituições e governos, enfim, em volume e velocidade nunca antes ocorridos.

ESPECIAL: DADOS COMO REFERÊNCIAS VIVAS

Dados não podem ser considerados simples referências estáticas, mas como unidades em constante atualização e transformação. Considerando tal realidade, empresas devem ter a capacidade de identificar, extrair e resguardar dados, de forma que sejam atuais, consistentes e passíveis para a transformação em grupos de informação e servirem como aliados ao processo decisório. Não devem simplesmente representar o que aconteceu no passado, mas devem refletir a realidade no momento e que sirvam como importantes referências para nortear as decisões estratégicas e consolidar um futuro melhor. Para adotar tal postura, deve-se mudar o *mindset* pessoal e organizacional, de forma a incorporar como práticas do nosso dia a dia. O importante é estar preparado e criar as oportunidades futuras. A Tesla Inc. não inventou o carro elétrico, que é uma criação antiga, mas identificou que em determinado cenário futuro o mundo teria a necessidade de meios de mobilidade urbana sustentáveis e até decorrentes da escassez das fontes tradicionais de energia fóssil. Trataremos no capítulo 8 uma das mais importantes profissões da atualidade, a do *Data Scientist*.

Não devem ser considerados representações passadas, mas como unidades do presente que devem ser adotadas para as práticas e estratégias futuras.

Esse ponto se refere à velocidade com que tais dados são criados. Uma mensagem nas redes sociais pode viralizar em segundos, uma transação de cartão de crédito ser verificada em um piscar de olhos, informações de compra e venda de ações são modificadas a cada instante.

Por outro lado, a velocidade com que esses dados são criados, captados e retirados também são um grande problema que a empresa deve tentar resolver. Nem sempre uma mensagem veiculada em um momento está presente depois ou mesmo que tenha a atualização necessária.

Quais são os tipos de dados disponíveis? Antigamente, a maior parte dos dados era estruturada e podia ser inserida facilmente em tabelas como o *Excell* e *Access*, por exemplo. Hoje em dia, o formato é outro. Mais da metade dos dados presentes na rede não se comportam mais dessa forma, envolvendo o armazenamento e a respectiva segurança.

Outra pergunta a ser respondida é que dados serão necessários para dar a consistência necessária para a tomada de decisão? Por vezes, podem ocorrer vieses relacionados à qualidade dos dados, qual foi a metodologia empregada, bem como a origem de dados. Por outro lado, a empresa necessita ter uma estrutura adequada, com colaboradores internos devidamente capacitados e recursos econômico e financeiros alocados.

Na empresa, o *Big Data* está contextualizado com seus diferentes departamentos, evidenciado as áreas estratégicas relacionadas a inovação, *marketing*, produção, recursos humanos, financeiro, vendas e gestão de pessoas, onde existe a melhoria de desempenho. O cruzamento de dados envolve o conceito de *Big Data Analitics*, que não envolve somente aqueles gerados diretamente de fontes disponíveis, mas também aleatórios de redes sociais e dispositivos.

Inúmeros são os benefícios da utilização do *Big Data*, desde que respeitados os itens citados, bem como outros particulares de cada setor ou empresa. De maneira geral, possibilita prever tendências de mercado e a antecipação de ações das empresas. Cenários a partir da Teoria da Cauda Longa e Oceano Azul eram talvez ideias que alguns tinham em passado não muito distante e que atualmente interferem nos negócios de empresas.

Fundamental é que os gestores conseguem ter maior segurança no processo de decisão, melhorando seus processos internos, estratégias e relacionamentos com os clientes.

INTERNET OF THINGS (IoT)

A *Internet* das coisas trata da interconexão digital de objetos físicos com as pessoas por meio da *internet*, possibilitando o controle remoto desses objetos e esses como provedores de serviços. O número de dispositivos conectados tem crescido significativamente, pois trata-se de uma realidade contemporânea e com grandes benefícios, envolvendo desde a praticidade, bem como a própria evolução da tecnologia na sociedade global.

Imagine que você trabalhe um uma cidade e more em outra, próxima a sua casa. Você passa pelo pedágio, mas não precisa pagar, pois seu celular já identifica e são realizados o pagamento e a autorização. Já em sua casa, você tem um pão e café quentinho, pois ainda em trânsito conseguiu realizar a programação da cafeteira e da máquina de pão. Nesse mesmo dia, você recebe uma caixa de cervejas artesanais, pois sua geladeira realiza o controle de estoque e emite um aviso aos fornecedores que aprecia. Então, a IoT é um conjunto de objetos físicos e assemelhados, como residências, veículos e equipamentos que estão interconectados por sensores que possibilitam a conexão com a *internet* e são capazes de receber e enviar dados.

Conforme Ashton (2015) em entrevista concedida para a FINEP, criador do termo IoT em 1999, é que "se baseia na ideia de que estamos presenciando o momento em duas redes distintas – a rede de comunicações humana (exemplificada na *internet*) e o mundo real das coisas – que precisam se encontrar. E o ponto de conexão é um computador, que tornará a vida mais eficiente".

A LEI DE PROTEÇÃO DE DADOS

McDaniel e Gitman (2011, p. 416) afirmam que "o primeiro passo para a estratégia de segurança de uma companhia consiste na criação de políticas formais de segurança da informação para fixar padrões e proporcionar a base para a fiscalização". Essas estratégias estão relacionadas ao ambiente interno, às organizações, seus recursos e *stakeholders* envolvidos, incluindo seus clientes. Tentam garantir a privacidade e proteção de dados pessoais, pois boa parte do que se discute se refere às relações de consumo entre empresas, negócios e pessoas e não sobre as questões pessoais e individuais, como no caso de as empresas terem acesso ao que pesquisamos na *internet*.

Fazendo um paralelo, o Código de Defesa do Consumidor (CDC) foi criado em 11 de setembro de 1990, por meio da lei nº 8.078/90, conforme o Ministério da Justiça. Na época, a tecnologia não estava tão avançada, nem tampouco os modelos de negócios existentes, necessitando então de rever e ampliar os dispositivos, para garantir com que o consumidor possa exercer sua cidadania.

A Lei Geral de Proteção de Dados (LGPD) vai mais longe. É um conjunto de normas e regras que determinam práticas que devem ser seguidas por uma empresa em relação a coleta, armazenamento e utilização de dados pessoais do usuário na *internet*. Está lastreada pela Lei nº 13.709/18 de 14/08/2018. Talvez uma crítica construtiva inicial é que se refere ao que entendemos e experienciamos hoje e que possivelmente não abrange todas as situações prováveis.

Os aplicativos servem para pesquisar e armazenar dados, que geralmente autorizamos sem ler as regras ou simplesmente não entender de forma completa e correta o que significam. Esses podem ser repassados para terceiros. Mesmo que os dados não sejam identificados individualmente, trata-se de práticas usuais que nem sempre temos noção e controle. Entre os vários dispositivos, o consumidor terá o direito do acesso às informações que foram coletadas pelas empresas, solicitar a correção, bem como a exclusão formal do banco de dados.

COMPLIANCE E GOVERNANÇA CORPORATIVA

Conforme Srour (2003, p. 50), "as decisões empresariais não são inócuas, anódinas ou isentas de consequências: carregam um enorme poder de irradiação pelos efeitos que provocam". Em termos práticos, a empresa deve ter ética consigo mesma, com os colaboradores internos e parceiros externos, bem como com todos seus *stakeholders*. A moral e a ética são pressupostos individuais e de grupo. Dessa forma, deve tomar atitudes politicamente corretas e transmitir ao mercado de forma a preservar sua integridade, bem como ser transparente em relação ao seu público interno, inclusive nos critérios de gestão de pessoas, sua contratação, plano de carreiras e outros que procuram manter seus propósitos e valores corporativos.

Compliance é estar em conformidade com as normas e regulamentos internos e externos, respeitando os parâmetros da lei e em conformidade com os órgãos reguladores. Garante a credibilidade e facilita a gestão da reputação, aprofundando os relacionamentos entre os diferentes *stakeholders*.

Conforme Maracy (2020, p. 95), "A presença digital aumenta os riscos para as empresas – e não só em reputação. Elas precisam tanto evitar o uso indevido da marca como garantir que os parceiros trabalhem em conformidade com suas regras – seja nos preços praticados, seja no uso da logomarca,.... Também devem proteger-se contra fraudes por meio de vírus, *phishing* etc.".

Cogita-se, conforme será abordado em capítulo à parte sobre Gestão de Pessoas, o entendimento de que é necessária a presença de um diretor de proteção de dados, o que pode ser possível, porém a democratização de auditoria e controladoria de dados pode ser realizada também por um grupo colegiado, como se preconiza no *Compliance*.

Fake news

Além das preocupações discutidas no item anterior, temos as *Fake News*. Conforme Oliveira e Goes (sem data), "Uma das grandes preocupações da sociedade digital hodiernamente é a propagação de notícias falsas... divulgar boatos não é um ato criminoso, desde que o boato não caracterize os delitos de calúnia, difamação e injúria... e racismo".

Se antigamente existia a necessidade de prova material e testemunhal, nesta época virtual temos uma outra série de procedimentos, dada as características mutáveis desse ambiente. Um jornal impresso já serviria como prova material, porém um conteúdo virtual pode sofrer alterações sem controle.

Para a investigação formal é necessário seguir os seguintes passos, segundo o Ministério Público Federal – MPF (sem data):

a) Identificação do provedor de aplicações de *internet* (*Facebook, Twitter, Youtube/Google, WhatsApp, site* na *web* etc.).
b) Solicitação junto ao provedor de aplicativo identificado, a preservação de todos os elementos daquela publicação falsa/criminosa (com o nome da URL (*Uniform Resource Locator*) ou ID (Identificação ou *user name*).
c) Solicitação judicial do afastamento de sigilo de dados telemáticos, nos casos criminais e civis.
d) Identificação do provedor de conexão, aqui representado pelas operadoras de telefonia ou telecomunicações, que ofereça banda larga.
e) Medida cautelar de busca e apreensão do material divulgado, inclusive do dispositivo de comunicação. Exceção quando os materiais estão resguardados em nuvens e, dessa forma, mediante uma senha do usuário que poderá ceder ou não para a justiça.

As *Fake News* devem ser analisadas sob diferentes pontos de vista. Um deles é o próprio conteúdo, que pode não representar a verdade de forma proposital, bem como não ter a atualidade e/ou ser um simples recorte de uma notícia maior com outro contexto. Por outro lado, temos o gerador de conteúdos, que pode produzir de forma proposital ou simplesmente compartilhar. Finalmente, temos o receptor, que poderá ser influenciado pelos conteúdos de mensagens.

Geralmente essas *Fake News* são direcionadas para as grandes massas e por meio de robôs. O assunto tem grande visibilidade na atualidade, devido aos possíveis impactos nas imagens pessoais, corporativas e eleitorais. Grandes empresas devem monitorar o ambiente virtual, de forma a identificar tais situações e tomar as ações corretivas.

Gestão da reputação digital

Todas essas preocupações estão centradas na Gestão da Reputação Digital. Bowers e Reuber (2020, p. 92) afirmam que "cada vez mais as empresas precisam gerenciar proativamente sua reputação *on-line*". Essa gestão envolve o acompanhamento por parte das empresas de seus colaboradores internos. Embora haja certa polêmica sobre a liberdade de expressão de pessoas nas redes sociais e outros meios de comunicação, o monitoramento por parte das empresas existe e são conhecidos exemplos de pessoas que expressaram de forma inadequada suas opiniões e foram punidas pelas empresas, inclusive pelo desligamento funcional.

Além de colaboradores internos, as empresas devem se preocupar com seus negócios e desdobramentos, além da expressão de opiniões do mercado. Um dos pontos fundamentais, além do monitoramento, é que existe a necessidade de acompanhamento e adequação a partir de *rankings*, preferencialmente com curadoria.

Ranking, nesse caso, é uma lista que apresente posições da empresa e tudo o que envolva seus negócios a partir de critérios preestabelecidos e com a transparência necessária. Curadoria exige que um grupo de pessoas, com a neutralidade e conhecedores dos critérios preestabelecidos, possa acompanhar e administrar as situações.

Rankings com curadorias realizados por terceiros garantem a neutralidade e a credibilidade, sendo mais valorizadas pelo mercado. Um ponto complementar é que esses *rankings* fornecem dados e informações da empresa e de seus concorrentes.

CONCLUSÕES

Nunca se produziu tanto, de maneira espontânea ou mesmo de forma aleatória, dados e informações, onde os fluxos estão teoricamente disponibilizados em diferentes ambientes *off-line* e *on-line*. Particularmente no ambiente virtual, as circulações desses fluxos podem incorrer em oportunidades e ameaças, dependendo se quem os identificar e como serão utilizados. Dessa forma, o *Big Data* se constituiu em um fenômeno e desafio contemporâneo. Um dos pontos cruciais é a capacidade da empresa em identificar, coletar, interpretar e analisar esses fluxos, de forma a entender melhor o mercado e, ao mesmo tempo, utilizá-los de forma ética, como preconiza a Lei Geral de Proteção de Dados (LGPD). Mais do que atender leis e normas, envolve importantes responsabilidades derivadas de *Compliance* e um dos maiores ativos da organização, que é sua Reputação.

■ QUESTÕES SOBRE O CAPÍTULO

1. Que premissas a empresa deve ter ao ingressar em uma realidade sustentada pelo *Big Data* e *Internet of Things* (IoT)?
2. Que premissas a empresa deve adotar para identificar e selecionar que dados e informações serão os mais importantes?
3. Que benefícios podem ser auferidos a partir da adoção de práticas na organização a partir da Lei Geral de Proteção de Dados (LGPD)?
4. Que benefícios podem ser identificados a partir da realidade da *Internet of Things* (IoT), sob o ponto de vista da empresa, do mercado e principalmente do consumidor?
5. De que forma a empresa pode salvaguardar sua reputação em decorrência da crescente utilização de tecnologia?

■ ESTUDO DE CASO – ARTIFICIAL NA SAÚDE: O PIONEIRISMO DO HOSPITAL 9 DE JULHO COM PARCERIA DA MICROSOFT

Fundado em 1955, o Hospital 9 de Julho é considerado uma das mais importantes instituições de saúde do País, fazendo parte de um seleto grupo de hospitais brasileiros com certificação de qualidade internacional, *Joint Comission International* (JCI), organização norte-americana que certifica os melhores hospitais do mundo, além de ser referência em medicina de alta complexidade, possui 6 unidades localizadas em São Paulo, Rio de Janeiro e Brasília. Com 470 leitos disponíveis, sendo 102 de unidade de terapia intensiva (UTI), possui estrutura para atendimentos de emergência, realização de exames, diagnósticos e tratamentos, com uma equipe composta por cerca de quatro mil médicos, 1,5 mil profissionais de enfermagem e 500 colaboradores em funções administrativas (Fonte: *site* Hospital 9 de Julho).

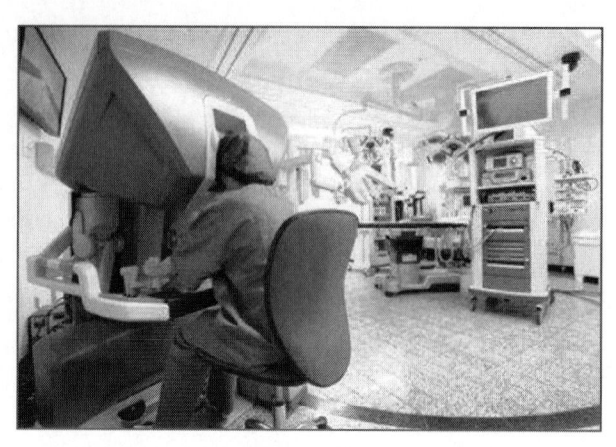

Figura 3.2 Centro de Diagnósticos do Hospital 9 de Julho. Fonte: *website* institucional do Hospital 9 de Julho. Acesso em 06/08/2020.

Em face de um problema recorrente no ambiente hospitalar que são os riscos de quedas de pacientes em recuperação, em especial os idosos, a prevenção de acidentes desse tipo é uma meta da Organização Mundial da Saúde desde 2004 e, embora redes de excelência em saúde como Hospital 9 de Julho tenham protocolos de prevenção de acidentes rigorosos, esse tipo de ocorrência precisa de atenção especial, já que, de acordo com o Centro de Controle de Doenças Mundial, 1 a cada 4 idosos cai e precisa de cuidados. Para resolver esse grave e recorrente problema, em 2017 o Hospital 9 de Julho recorreu à tecnologia firmando uma parceria com o Laboratório de Tecnologias Avançadas da Microsoft Brasil (ATL) a fim de iniciar o desenvolvimento de uma tecnologia pioneira no mundo e inédita na área da saúde e ampliar os cuidados e segurança dos pacientes durante a internação por meio do monitoramento de potenciais situações de risco (Fonte: *site* Hospital 9 de Julho – Imprensa).

Segundo o *Blog* de Indústria Microsoft, o Laboratório de Tecnologias Avançadas da Microsoft Brasil desenvolveu uma solução de Inteligência Artificial utilizando o vídeo analítico, em que o sistema identifica movimentações fora do padrão do paciente, como uma pessoa na iminência de cair no chão e alerta a equipe do hospital por meio de uma chamada de voz no ramal do profissional responsável por aquele paciente. Essa é uma das ferramentas de *Machine Learning* do Azurre Microsoft, capaz de aprender determinados acontecimentos em cenas registradas por câmeras. As lentes identificam as posições das grades laterais da cama e detectam quando o paciente tenta se levantar quando elas estão levantadas. Ao todo foram instaladas 49 câmeras nos setores de oncologia, onco-hematologia, transplante de medula óssea em adulto e em crianças e nefrologia.

> *"Tivemos que ensinar ao computador o que é uma cama de hospital. Coletamos milhares de imagens. Nós alavancamos a tecnologia e enviamos essas informações para serem processadas no Azure, que geram alertas em tempo real para os enfermeiros".*
>
> **Luiz Sérgio Pires, Diretor do Laboratório de Tecnologia Avançada da Microsoft Brasil (Histórias de Clientes Microsoft, 2019).**

O Microsoft Azure é uma plataforma destinada à execução de aplicativos e serviços, baseado nos conceitos da computação em nuvem. Lançado em 2010, o Microsoft Azure vem sendo aprimorado constantemente e oferece soluções para setores como saúde, financeiro, governo, varejo e indústria (Microsoft Azure, 2020).

Os principais desafios foram "ensinar" os algoritmos das câmeras para que pudessem reconhecer os movimentos dos pacientes que representassem reais riscos sem gerar alertas falsos ou desnecessários que pudessem ser ocasionados por simples movimentações do paciente no leito, isso exigiu milhares de horas de captação de imagens e transformação dessas imagens em dados, como mostra a figura 3.3. Outro desafio é conscientizar o paciente e seus familiares que as câmeras não são invasoras de privacidade ao captarem imagens o tempo todo, muitas vezes até mesmo da intimidade do paciente durante período de interna-

Figura 3.3 Captura de imagens de vídeo. Fonte: Printscreen vídeo no YouTube Microsoft & 9 de Julho Hospital, 2017.

ção, mas sim ferramentas para auxiliar na prevenção de acidentes. O engajamento da equipe e o treinamento nos novos procedimentos também foram fundamentais para a implementação da solução.

■ QUESTÕES SOBRE O ESTUDO DE CASO

1. Na sua opinião quais são (ou foram) as adequações fundamentais desse projeto à LGPD (Lei Geral de Proteção de Dados)?
2. Como o *Big Data Analitics* pode ser aplicado com os dados gerados interna e externamente ao hospital?
3. Quais são as principais dimensões da Transformação Digital que podemos observar nessa ação pioneira do Hospital 9 de Julho? Exemplifique em quais outras áreas da saúde poderiam ser aplicadas.

REFERÊNCIAS

Bowers A, Reuber R. Como gerenciar sua reputação digital. HSM Management. nº 129, Julho/Agosto 2020. p. 92-4.

Cardoso de Oliveira NMC, Goes SB. Fake news e como investigar. Disponível em: http://www.mpf.mp.br. Acesso em 09/07/2020.

EXAME.COM. Como o Big Data está mudando o mercado, 15/05/2015. Disponível em: http://www.exame.com. Acesso em 11/07/2020.

FINEP. Inovação e pesquisa. Kevin Ashton – Entrevista exclusiva com o criador do termo "Internet das Coisas". Disponível em: finep.gov.br. Acesso em 09/07/2020.

Hospital 9 de Julho. Conheça o Hospital 9 de Julho. Site Institucional. Disponível em: https://azure.microsoft.com/pt-br/. Acesso em 06/08/2020.

Hospital 9 de Julho. Hospital 9 de Julho conta com a inteligência artificial do Azure para prevenir quedas de pacientes. Histórias de clientes Microsoft (2019). Disponível em: https://customers.microsoft.com/pt-br/story/hospital-9-de-julho-azure-machine-learning-health-payor-brazil-pt. Acesso em 06/08/2020.

Hospital 9 de Julho. Hospital 9 de julho investe em projeto para manter segurança do paciente no leito. Digital Hospitalar (2019). Disponível em: https://digital.hospitalar.com/pt-br/conte%C3%BAdo-networking/hospital-9-de- julho-investe-em-projeto-para-manter-seguran%C3%A7a-do-paciente-no. Acesso em 06/08/2020.

Hospital 9 de Julho. Hospital 9 de Julho será o primeiro do mundo a implantar tecnologia inédita da Microsoft para segurança de pacientes. Hospital 9 de Julho – Imprensa (2016). Disponível em: https://www.h9j.com.br/institucional/imprensa/Paginas/releases/Hospital-9-de- Julho-sera-o-primeiro-do-mundo-a-implantar-tecnologia-inedita-da-Microsoft- para-seguranca-de-pacientes.aspx. Acesso em 06/08/2020.

Hospital 9 de Julho. Hospital 9 de Julho: Inteligência Artificial na Saúde. Blogs de indústria da Microsoft (2017). Disponível em: https://cloudblogs.microsoft.com/industry-blog/pt- br/uncategorized/2017/10/06/hospital-9-de-julho-inteligencia-artificial-na-saude/. Acesso em 06/08/2020.

Hospital 9 de Julho. Otimize os custos desenvolvendo na nuvem. Microsoft Azure. Disponível em: https://www.h9j.com.br/institucional/Paginas/conheca- **hospital**.aspx. Acesso em 06/08/2020.

Internet Live Stats. Disponível em: https://www.internetlivestats.com. Acesso 01/05/2020.

Maracy E. Risco e oportunidade. HSM Management. nº 129, Julho/Agosto 2020. p. 94.

McDaniel C, Gitman LJ. O futuro dos negócios. São Paulo: Cengage; 2011.

Microsoft & 9 de Julho Hospital. Canal Oficial Microsoft Brasil no YouTube (2017). Disponível em: https://www.youtube.com/watch?v=8Tuwds8HTcs. Acesso em 06/08/2020.

Ministério da Justiça. Disponível em: https://www.justiça.gov.br. Acesso em 11/07/2020.

Presidência da República. Lei nº 13.709 de 14 de agosto de 2018. Disponível em: http://www.planalto.gob.br. Acesso em 07/07/2020.

Srour RH. Ética Empresarial. A Gestão da Reputação. Posturas Responsáveis nos Negócios, na Política e nas Relações Pessoais. 2ª ed. Rio de Janeiro; 2003.

Capítulo **4**

Escalonamento do Uso da Tecnologia para a Criação de Novas Empresas

"O maior risco é não correr nenhum risco. Em um mundo que está mudando rapidamente, a única estratégia que certamente vai falhar é não correr riscos".
Mark Zuckerberg (2014)

Objetivos deste capítulo:
- Refletir sobre os pilares da tecnologia que sustentam a Administração 4.0.
- Explicar como a tecnologia pode escalonar novas empresas.
- Discutir a relevância das Digital Natives Enterprises (DNE).
- Conceituar e discutir a importância das *startups* no cenário de negócios.
- Discutir as aplicabilidades dos conceitos e práticas.

INTRODUÇÃO AO TEMA

A Quarta Revolução Industrial, também conhecida como indústria 4.0, influencia toda a sociedade, seja pela óptica dos negócios, seja sobre as relações e comportamentos humanos. Essa revolução permite com que pessoas, máquinas, equipamentos e sistemas se integrem e conversem entre si, em uma dinâmica e velocidade nunca vistas. Este capítulo pretende conceituar e discutir a importância do escalonamento da tecnologia para novos modelos de empresas, como um natural processo de desenvolvimento e inovação, ressaltando as Digital Natives Enterprises (DNE) e as *startups* na sociedade da transformação digital.

OS PILARES DA TECNOLOGIA NA ADMINISTRAÇÃO 4.0

A Alemanha sempre foi o berço da mecanização e influenciadora positiva da economia europeia e de outros países sob o ponto de vista econômico e industrial.

Para se manter de forma competitiva no ambiente industrial global, diante do aumento de competitividade de outras nações como os Estados Unidos da América e China, os conceitos iniciais da indústria 4.0 foram lançados na Feira de Hannover em 2011. Para entender melhor esse conceito e prática contemporânea, é necessário conhecer sua evolução.

A população, com o crescimento e desenvolvimento econômico, passou a adquirir maior variedade e quantidade de produtos, o que influenciou a melhoria dos processos de produção. A Primeira Revolução Industrial ocorreu no século XVIII por meio da utilização do ferro e das máquinas movidas a vapor, o que substituiu a mão de obra e proporcionou a utilização mais eficiente de energia e a melhoria da mecanização de produção. Ocorreram o aumento da produtividade humana e a quantidade produzida em economia de escala.

A Segunda Revolução Industrial iniciou no século XIX com a descoberta e utilização da eletricidade e a utilização do aço em vez do ferro, devido à sua maleabilidade, o que facilitou e barateou os processos de produção, influenciando positivamente a linha de montagem, onde um dos grandes exemplos se concentra na indústria automobilística. A Terceira Revolução Industrial iniciou nos anos de 1970, por meio da automação parcial sustentada pela informática, o que reduziu, mais uma vez, a intervenção humana e a precisão da execução de partes dos processos, derivados das linhas de montagem.

A Quarta Revolução Industrial é decorrência natural da anterior, com o desenvolvimento e aprofundamento dos sistemas de produção com a incorporação de tecnologias expandidas exponencialmente por conexões digitais, permitindo a comunicação em rede com diferentes *stakeholders* e outras áreas e instalações da empresa. Com essa realidade, é possível a automação de produção de forma mais integrada, conduzindo à possibilidade de "sistemas de produção ciberfísicos", conduzindo não somente as fábricas inteligentes, onde os sistemas de produção, componentes e colaboradores internos se comuniquem com uma produção cada vez mais autônoma. Como se trata de uma realidade ainda em desenvolvimento, envolve ainda uma série de dúvidas e expectativas quanto à forma, bem como de conceitos e aplicações. É consenso de que essa categoria de indústria é sustentada pelos seguintes pilares, conforme a *Boston Consulting Group* – BCG (Quadro 4.1).

A Administração faz parte do conjunto de Conhecimentos em Ciências Sociais Aplicadas, formalmente categorizadas em grupos de conhecimentos como Produção, *Marketing* e Gestão de Pessoas. No caso da Administração 4.0, mantemos ainda essas categorias, porém com uma interdisciplinaridade mais profunda, mantendo-se ainda o que caracteriza de forma mais importante cada área, porém com uma interdependência que torna a administração e a gestão mais consistentes.

Quadro 4.1 Pilares da Administração 4.0.

Pilares	Descrição
Big Data	Com os grandes volumes de dados e informações, a identificação, a coleta e a análise de dados são essenciais, conjugadas a estruturas sistematizadas e digitais
Internet of Things (IoT)	Capacidade de conexão em rede de máquinas, *softwares*, ambientes e objetos por meio de sensores, onde o armazenamento de informações estará em bancos de dados
Robótica	Um dos pontos essenciais derivados do ambiente empresarial. A evolução da robótica representa o incremento da produção e redução de custos, substituindo o esforço humano pela mecanização a ser controlada pela tecnologia da informação
Cibersegurança	Com o incremento da tecnologia e diferentes aplicações, diferentes situações e responsabilidades, desponta a governança corporativa como meio de salvaguardar a segurança de dados e informações das partes intervenientes
Cloud computing	Com o grande volume de dados e informações, torna-se necessário o resguardo em um único banco de dados virtual, denominado informalmente como "*internet* nas nuvens". Além da segurança, obtêm-se a redução de custos e a praticidade
Simulação	A simulação digital permite o que pode ser o ambiente físico em decorrência do virtual, sendo essencial para o desenvolvimento de construção de cenários e melhor otimização de recursos e esforços
Manufatura aditiva	Trata-se da impressão física em 3D, em que diferentes paradigmas, inclusive de *marketing*, são rompidos, como questões relativas a produção, distribuição física e logística. Um dos pontos essenciais é o desenvolvimento de protótipos, auxiliando a área de P&D (Pesquisa e Desenvolvimento)
Sistemas de integrações horizontal e vertical	Visa integrar os sistemas e processos internos da empresa com os do ambiente de negócios onde está inserida, bem como de todo o sistema de valor do negócio
Realidade expandida	Representação a partir de cenários que têm como objetivo o aumento da eficiência industrial, em especial no que se refere à manutenção, principalmente, e ao treinamento de colaboradores internos, como, por exemplo, a operacionalização de máquinas a distância

Fonte: *Boston Consulting Group* – BCG (2015).

Oportunidades e desafios da Administração 4.0

Pelo exposto, pode-se entender que somente as grandes empresas poderão usufruir dos benefícios decorrentes da Quarta Revolução Industrial. Essa premissa, observada por muitos especialistas, conforme pesquisas dos autores, refere-se essencialmente ao tipo e ao volume de negócios, bem como dos recursos disponíveis, da estrutura e capacidade instalada das empresas. Essencialmente, essa premissa deve ser observada com os devidos cuidados, uma vez que nem todas as empresas são autossuficientes para atenderem todas as suas demandas e necessidades. Dessa forma, empresas de menor porte podem participar como fornecedores de matéria-prima e serviços, se devidamente adequadas incorporadas "de corpo e alma" a esse processo de transformação, pois necessitam reaprender muitas práticas que antes eram consideradas consolidadas. Por outro lado, nada impede que empresas procurem oportunidades inexploradas e nichos de mercado, que é a base do empreendedorismo.

NOVOS MODELOS DE EMPRESAS

A transformação digital é uma realidade para todos os setores econômicos e segmentos de mercado. Tratamos até este momento da transformação digital afetando e influenciando as empresas já existentes. Entretanto, um dos grandes fenômenos desse processo foi a criação e o desenvolvimento de novos modelos de negócios, alguns já com um DNA tecnológico.

O momento é favorável para repensar os modelos de negócios já consagrados e apresentar outros mais adequados para solucionar os problemas dos consumidores e atender os propósitos organizacionais. Esses novos modelos requerem um Sistema de Valor e Cadeia de Valores diferentes daqueles dos modelos tradicionais, mas que, em algum ponto, encontram-se e complementam-se.

O setor econômico de *agribusiness*, por exemplo, é um bom exemplo desse encontro e complementação. Para ter uma produção agropecuária com maior resultado, existem as técnicas de plantio e cultivo, até a criação e engorda, das técnicas tradicionais com as práticas atuais, alicerçadas por drones que monitoram o ambiente de plantio, identificam doenças e aceleram o controle e segurança por ferramentas tecnológicas. Tudo em prol de melhor produtividade e qualidade convergindo para o consumidor final em tempo real.

A intersecção de diferentes tecnologias digitais com as organizações, ambiente de negócios e consumidores resultam em volume considerável de dados estruturados e não estruturados, de forma que as empresas mais preparadas têm a possibilidade de explorar oportunidades inexploradas. Com essa perspectiva, as chamadas tecnologias exponenciais, como inteligência artificial, *machine learning* e robótica, por exemplo, possibilitam o uso de ferramentas mais avançadas para o aprofundamento da transformação digital.

Digital native enterprises (DNE)

Trata-se de uma empresa que foi criada no período do desenvolvimento digital na qual passou a sociedade. Nasce com o conhecimento e domínio das ferramentas tecnológicas, que são totalmente diferentes das organizações tradicionais e, portanto, com gerenciamento de conhecimento mais particular e alinhado. Segundo a IDC (2019), as empresas do futuro "são aquelas organizações digitais determinadas, onde a digitalização é pensada à escala e em todas as suas operações; que inovam a um ritmo consideravelmente superior àquele conseguido pelos negócios mais tradicionais".

Com a utilização maciça da tecnologia por parte das empresas, houve sua democratização e periodicamente a necessidade de realizar um novo *upgrade* em conhecimentos e aplicações.

Startups

A "empresa emergente" ou como mais conhecida – *startup* – que procura desenvolver e aprimorar um modelo de negócios que tenha a devida escalabilidade, com a capacidade de aumentar a receita e não necessariamente a despesa.

Geralmente essas empresas são classificadas inovadoras. Não é obrigatória a presença da tecnologia, embora a grande maioria se apoia nos recursos tecnológicos e respectivas ferramentas.

A bolha da *internet* ocorreu no período de 1995 a 2000, o que atraiu muitos investidores a apostarem em empresas ponto.com. Embora o cenário da época não se iguala ao atual, a movimentação de interesse gerou uma série de ações empreendedoras e muitas vezes relacionada à nova economia, onde era desenhada com cenários de lucros sem limites em negócios de tecnologia. Daí a associação do termo com o ambiente tecnológico. Como exemplos representativos, temos o Gympass, iFood, 99, Nubank, Pagseguro, UBER, entre outros.

Empresas novas já iniciam suas atividades com desafios, oportunidades, pontos fortes e fracos, pois trazem características que as diferenciam de outros negócios (Quadro 4.2).

Segundo a Associação Brasileira de Startups (ABSTARTUPS, 2020), o País teve 12.727 *startups* em 2019, tendo sua maior concentração nos estados de São Paulo, Minas Gerais e Rio de Janeiro. Trata-se de um ótimo modelo de negócios em cenários de grandes mudanças, contando com profissionais geralmente com

Quadro 4.2 SWOT.

Pontos fortes	Pontos de atenção
• Estrutura enxuta • Incentivo aos novos talentos Capacidade de resiliência Agilidade nas decisões • Possibilidade de criatividade e inovação • Entusiasmo dos fundadores Empreendedorismo	• Necessidade de investidores Restrição aos recursos estratégicos Baixo poder de barganha • Baixo poder de criar barreiras de entrada • Necessidade de escalabilidade Restrições geográficas • Logística externa • Ausência da curva de experiência • Tecnologia nem sempre acessível e/ou condizente com as necessidades da empresa
Oportunidades • Geralmente nascem a partir de oportunidades inexploradas de mercado • Posicionamento favorável em razão do ineditismo	**Ameaças** • Possibilidade de presença de concorrentes mais fortes • Crises econômicas que podem influenciar as decisões de investidores
• Possibilidade de descobrir práticas e soluções inovadoras • Dependendo do setor, baixa ameaça concorrencial Obtenção de capital semente e de investidores anjos	• Falta de recursos, inclusive econômicos e financeiros, além de insumos, em caso de necessidade de aumento da produção • Influência de variável neutra, que a empresa não tinha consciência ou dava menor importância • Nem sempre são possíveis a escalabilidade e a amplitude geográfica

Fonte: Kuazaqui (2020).

sólida formação acadêmica e profissional nas áreas de Sistemas de Informação, Engenharia, Ciências da Computação e Administração, entre outras áreas.

O grau de mortalidade é elevado, onde mais de 50% não sobrevivem nos cinco primeiros anos de existência. Os autores deste livro identificaram que partem de um desejo em ter seu próprio negócio, de forma empreendedora e nem sempre com as responsabilidades de um empresário, desconhecendo práticas relacionadas à comercialização e às finanças, por exemplo.

Essas empresas emergentes estão atuando praticamente em todos os setores da economia, como as *fintechs* (*financial and technology*), que atuam no sistema financeiro, as *agrotechs* no setor agropecuário, educação, mobilidade urbana e até na área de saúde.

Por vezes não basta somente o empreendedorismo e o engajamento de seus fundadores. Os primeiros anos, em especial o período que antecede sua abertura e logo após seu início, são essenciais para o desenvolvimento posterior.

Nesse caso, as Aceleradoras desempenham papel fundamental na aceleração de grande parte dos processos e que ajudam a consolidar a empresa no mercado competitivo. Prestam, entre outros importantes serviços, a mentoria a partir de sua vivência profissional focada no nicho de mercado e com uma visão mais sistêmica e profissional de como funcionará o negócio no mercado. Facilitam o acesso e investimentos iniciais, bem como aqueles relacionados ao capital de giro, tornando-se uma espécie de sócio minoritário.

Conforme o jornal Folha de São Paulo (17/07/2016), o Banco Itaú instalou na Vila Olímpia o Cubo, incubadora que abriga dezenas de *startups*, empresas digitais novatas, após sólido processo de seleção. A iniciativa tem, entre outros objetivos, o propósito que se encontrem *startups* "unicórnio", ou seja, com grande potencial de negócios como Tinder ou Instagram, por exemplo.

Outro formato importante de desenvolvimento das empresas emergentes são as Incubadoras, geralmente de ordem pública ou ligadas a Instituições de Ensino Superior (IES). Auxiliam empresas nascentes na gestão inicial do negócio, bem como nos aspectos burocráticos, como a formalização da empresa e do negócio. Não tem a pretensão de participarem do negócio.

É essencial o *Minimum Viable Product* (MVP), que é uma espécie de testes com os futuros usuários, a partir de uma amostra, onde os ajustes são realizados a partir de seus *feedbacks*.

Em síntese, as *startup*s são importantes, pois reforçaram o processo disruptivo em vários setores econômicos, como o bancário, e fortaleceram a Transformação Digital.

Unicórnios

Poucas *startups* são promovidas para a categoria de unicórnios. São aquelas que ultrapassaram o aporte financeiro de um bilhão de dólares, vindo dos investidores, que nem sempre estão interessados em lucros e retornos imediatos, mas investir em negócios que possam ter a escalabilidade (*scale-up*) suficiente para a perenidade dos investimentos. Segundo a All Saints Bay (2020), o termo surgiu em 2013 quando Aileen Lee publicou o artigo *Wellcome to the Unicorn Club: Learning from billion-dollar startups*, baseado em estudos de sua empresa, a Cowboy Ventures, sobre *startups* que obtiveram rápido crescimento em valores de mercado.

CONCLUSÕES

Os avanços tecnológicos alteram as formas de como administrar uma empresa ou mesmo negócio, bem como nas atitudes e comportamentos humanos. As revoluções industriais influenciam sobremaneira os processos industriais, desenvolvendo as tecnologias de produção. A Quarta Revolução Industrial aprofunda essa realidade, a partir da incorporação mais pragmática da tecnologia, digitalização e mecanização, influenciando todas as outras áreas da empresa.

■ QUESTÕES SOBRE O CAPÍTULO

1. Como você entende a evolução e as revoluções industriais?
2. Explique como os pilares contribuem para o desenvolvimento da indústria 4.0.
3. O que difere cada modelo de empresa apresentado neste capítulo?
4. Que diferenciais as *startups* apresentam em relação aos demais modelos de empresas?
5. O que caracteriza essencialmente as Digital Native Enterprises (DNE)?

■ ESTUDO DE CASO – *FRANCHISING* UMA REDE DE TRANSFORMAÇÃO: EXPLORANDO REDES DE CLIENTES, INOVANDO E ADAPTANDO PROPOSTAS DE VALOR DURANTE A PANDEMIA

O Sebrae, Serviço Brasileiro de Apoio às Micro e Pequenas Empresas, define *franchising* ou franquia como um modelo de negócio desenvolvido por meio de um sistema pelo qual o franqueador ou proprietário de uma franquia ou marca cede a um empreendedor ou franqueado o direito de uso da marca ou patente associada à distribuição exclusiva ou semiexclusiva de produtos ou serviços. O *franchising* tem se revelado um modelo de negócios importante para a economia, segundo dados da Associação Brasileira de Franquias – ABF, o segmento de franquias em 2019 teve faturamento de R$ 186,755 bilhões, alcançando a expressiva marca de 160.958 unidades e gerando 1.358.139 postos formais de trabalho. Entre os segmentos com mais representatividade estão: Alimentação (35%); Saúde, Beleza e Bem-Estar (19%); Serviços Educacionais (13%); Serviços Automotivos (8%) e Moda (7%), como demonstra a figura 4.1.

Cinco domínios da transformação digital

David L. Rogers, professor da Columbia Business School e autor do *best seller* "Transformação Digital – repensando seu negócio para a era digital" –, define

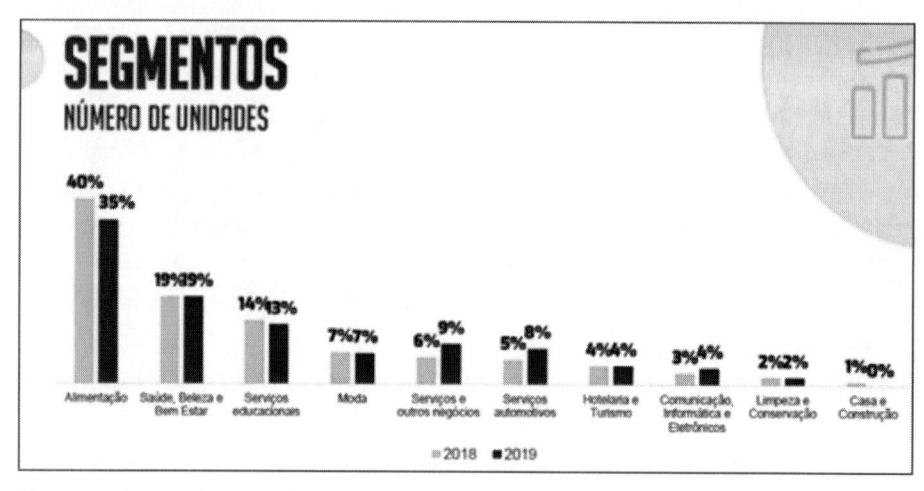

Figura 4.1 Distribuição de unidades de franquia por segmento. Fonte: ABF (2020).

cinco domínios da transformação digital: clientes, competição, dados, inovação e valor, como demonstra a figura 4.2.

"Transformação Digital não se trata de uma questão de tecnologia, mas sim de estratégia", David. L. Rogers, Professor da Columbia Business School.

Em linhas gerais, Rogers, em seu livro, explora os cinco domínios da transformação digital por meio de temas estratégicos e conceitos-chave que seriam absolutamente necessários, segundo sua visão, para a sobrevivência de um negócio atualmente. O quadro 4.3 apresenta resumidamente os desdobramentos desses cinco domínios.

Mas considerando as características do modelo de *franchising*, como os domínios da transformação digital propostos por Rogers podem ser aplicados de forma relevante? E, ainda, como poderia contribuir para as contingências exigidas pela pandemia da COVID-19 que afetou o mundo todo com *lockdowns* que ocasionaram o fechamento de *shoppings* e espaços comerciais, restrições e de horários e acessos.

Efeito da pandemia COVID-19

O efeito da pandemia da COVID-19 obrigou os Governos a determinarem o fechamento de *shoppings*, lojas e operações de varejo e serviços em geral, muitas vezes restringindo horários de funcionamento e, em muitos casos, permitindo apenas o serviço de entrega em domicílio. No Brasil, franqueadores e franqueados tiveram que fechar suas lojas no final de março de 2020.

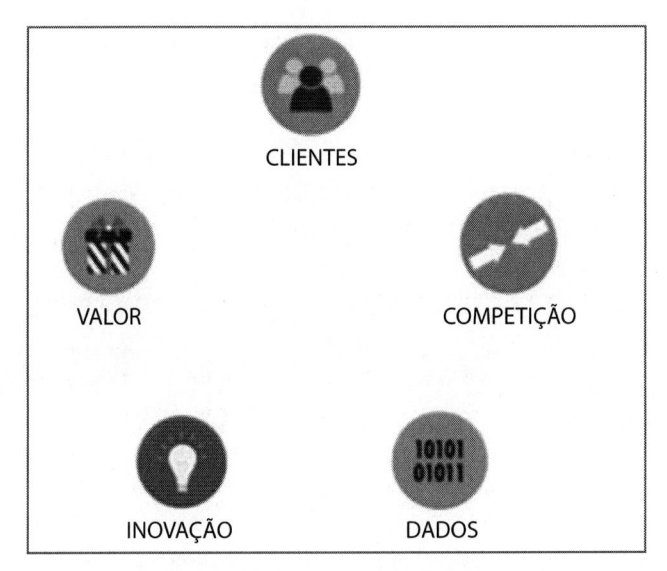

Escalonamento do Uso da Tecnologia para a Criação de Novas Empresas

Figura 4.2 Cinco domínios da transformação digital. Fonte: Rogers, p. 20 (2017).

Quadro 4.3 Guia da transformação digital.

Domínios	Temas estratégicos	Conceitos-chave
Clientes	Explore as redes de clientes	• Reinvenção do funil de *marketing* • Jornada de compra • Principais comportamentos das redes de clientes • Modelos de negócio de plataforma
Competição	Construa plataformas, não apenas produto	• Efeitos de rede (in)diretos • (Des)intermediação • Trens de valor competitivos
Dados	Converta dados em ativos	• Padrões de valor dos dados • *Drivers* para o big data • Tomada de decisão baseada em dados
Inovação	Inove por experimentação rápida	• Experimentação divergente • Experimentação convergente • MVP (produto mínimo viável) • Caminhos para escalar
Valor	Adapte a sua proposta de valor	• Conceitos de valor de mercado • Caminhos de saída de um mercado em declínio • Passos para a evolução da proposta de valor

Fonte: Rogers, p. 26 (2017).

De acordo com a pesquisa "Desempenho do Franchising Brasileiro – 1º trimestre de 2020" – realizada pela Associação Brasileira de *Franchising*, 68% das redes de franquia tiveram redução no faturamento em março de 2020, em comparação a março de 2019. A crise também fez com que 52,3% das franqueadoras optassem por reduzir ou postergar seus planos de expansão. Uma recessão no setor de *franchising* pode ter grande impacto negativo na economia brasileira em termos de emprego e renda. Entretanto, como demonstra a figura 4.3, durante o período de pandemia a transição das redes de franquias para serviços digitais e *delivery* estão entre as principais ações implementadas.

Os dados da pesquisa realizada pela ABF durante a pandemia e detalhados na figura 4.3 revelam que 89% das redes de franquias já haviam implementado a entrega de serviços *on-line*, 78% iniciaram o *e-commerce* ou anteciparam o lançamento de aplicativos de relacionamento com clientes e 60% criaram novos produtos e promoveram inovações e desenvolvimento de novas tecnologias, somente para destacar algumas das estratégias adotadas.

Muitas franquias de alimentação tinham como diferencial a localização de seu ponto de venda em *shoppings* e contavam com toda a experiência que um centro comercial luxuoso desse tipo de ambiente pode oferecer, viram-se na iminência de iniciar ou intensificar as vendas por meio do *delivery* ou com a parceria de aplicativos como iFood e Uber Eats, por exemplo. Com isso, estão tendo que cada vez mais considerar a mudança de um mercado em massa para uma rede de clientes.

Redes varejistas de moda, antes também mais focadas na experiência das lojas físicas, tiveram que se valer da experiência digital para o lançamento da

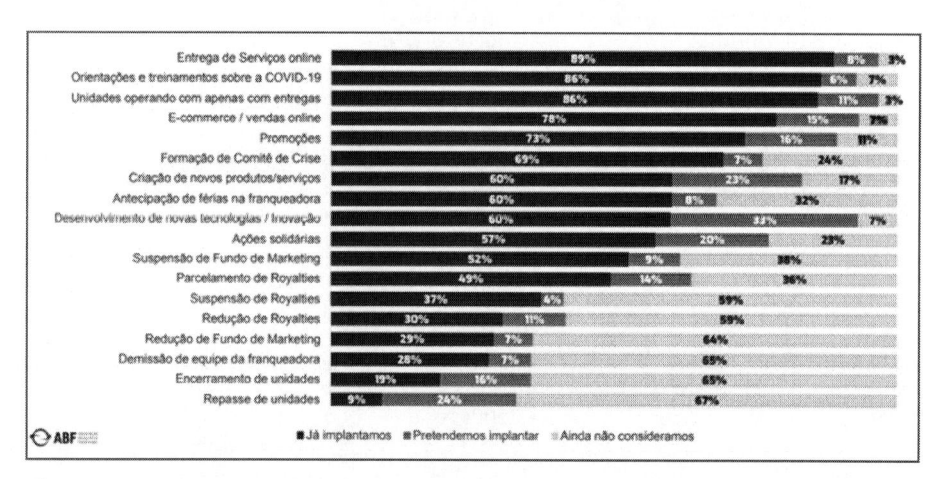

Figura 4.3 Estratégias adotadas no período de crise. Fonte: ABF – Desempenho do Franchising Brasileiro, p. 13 (2020).

coleção outono/inverno 2020 e muitas tiveram que antecipar o lançamento de aplicativos próprios não somente para vendas, mas principalmente focado na construção de uma plataforma de relacionamento para acompanhar a jornada de compra dos clientes, gerando, com isso, um processo valioso de gerenciamento dos dados extraídos durante essas interações.

O principal desafio, considerando esses e outros pilares ou domínios da transformação digital, é como adaptar a proposta de valor que antes foi considerada duradoura ou quase constante, que aceitava a diferenciação por meio da marca ou produto, para uma urgente adaptação do modelo de negócios, aproveitando as inovações trazidas pela tecnologia para gerar vantagem competitiva.

▪ QUESTÕES SOBRE O ESTUDO DE CASO

1. Na sua opinião como os segmentos de franquia de Serviços (escolas de idiomas) poderiam explorar os temas estratégicos de David L. Rogers?
2. Como as relações estabelecidas por meio do lançamento de novas plataformas podem continuar sendo relevantes para as franquias?
3. Muitas franquias do segmento de varejo não tinham por hábito captar dados de clientes, mas isso mudou durante a pandemia devido ao *delivery*, então como esses dados podem ser convertidos em ativos?
4. Uma das saídas para as redes de franquias foi a adaptação da proposta de valor. Cite um exemplo e explique.
5. Se você fosse um gestor de uma franquia de cosméticos, como poderia explorar melhor a jornada de compras de sua rede de clientes?

REFERÊNCIAS

ABF (Associação Brasileira de Franchising). Estudo sobre efeitos da COVID-19 no setor de franquias. Disponível em: https://www.abf.com.br/fiaf-divulga-estudo-sobre--efeitos-do-covid-19-no-setor-de-franquias/. Acesso em 08/07/2020.

ABF (Associação Brasileira de Franchising). 50 Maiores Franquias do Brasil 2020: estudo da ABF revela avanços e redes mais maduras. Disponível em: https://www.abf.com.br/50-maiores-franquias-do-brasil-2020/. Acesso em 08/07/2020.

ABSTARTUPS (Associação Brasileira de Startups). Disponível em: https://www.abstartups.com. Acesso em 11/07/2020.

ALL SAINTS BAY. Startup Unicórnio: Como surgiu o termo e quais são as próximas brasileiras, 17/02/2020. Disponível em: allsaintsbay.com.br. Acesso em 02/04/2021.

Boston Consulting Group – BCG. Industry 4.0: The Future of Productivity and Growth in Manufacturing Industries, 09/04/2015. Disponível em: https://www.bcg.com/publications/2015/engineered_products_project_business_industry_4_future_productivity_growth_manufacturing_industries. Acesso em 01/12/2022.

CANALTECH. Brasil se destaca no negócio da Salesforce e mantém expansão local. Disponível em: https://canaltech.com.br/negocios/brasil-de-destaca-no-negocio-da-salesforce-e-mantem-expansao-local-155951/. Acesso em 29/06/2020.

COMPUTERWORLD. Economia Salesforce' busca gerar 491 mil empregos diretos no Brasil até 2024. Disponível em: https://computerworld.com.br/2019/11/24/economia-salesforce-busca-gerar- 491-mil-empregos-diretos-no-brasil-ate-2024/. Acesso em 29/06/2020.

Folha de São Paulo. Incubadoras de startups em SP atraem jovens em busca de ideias bilionárias. https://www1.folha.uol.com.br/saopaulo/2016/07/1792172-incubadoras-de-start-ups-em-sp-atraem-jovens-em-busca-de-ideias-bilionarias.shtml. Acesso em 04/07/2018.

FORBES. Quem serão os próximos unicórnios brasileiros? Disponível em: https://forbes-com-br.cdn.ampproject.org', 20/01/2020. Acesso em 10/07/2020.

IDC. Analyze the Future. The future enterprise. Disponível em: https://www.idcdx.pt. Acesso em 14/07/2020.

Rogers DL. (2017). Transformação Digital: repensando o seu negócio para a era digital. Ed. Autêntica Business: São Paulo; 2017.

SEBRAE. Disponível em: https://m.sebrae.com.br/sites/PortalSebrae/sebraeaz/entenda-o-sistema-de- franchising. Acesso em 08/07/2020.

Zuckerberg M. ENTREPRENEUR. As Mark Zuckerberg Turns 30, His 10 Best Quotes as CEO, 14/05/2014. Disponível em: https://www.entrepreneur.com/living/as-mark-zuckerberg-turns-30-his-10-best-quotes-as-ceo/233890. Acesso em 01/12/2022.

Capítulo **5**

A Gestão de Empresas
Data Driven

Epígrafe: "Excelsior"
Stan Lee (s/d)*

Objetivos deste capítulo:
- Desenvolver os conceitos e a importância do Modelo de Negócios.
- Descrever a gestão de empresas *data driven*.
- Discutir as aplicabilidades dos conceitos e práticas.

INTRODUÇÃO AO TEMA

A empresa que utiliza a tecnologia em seus negócios deve ter uma estrutura mínima de Tecnologia da Informação que engloba de forma harmônica *hardwares*, *softwares*, programas, conhecimentos e aptidões, inseridos dentro de um Modelo de Negócios, no mínimo. Ser *data driven* significa que a empresa baseia suas decisões em bases sólidas, servindo como orientadora para seus negócios.

MODELO DE NEGÓCIOS

Durante o período do distanciamento social presenciamos uma série de ações contingenciais para dar continuidade dos negócios das empresas. A contingência não deve ser um processo aleatório, mas sim, de forma planejada, ser acionada quando necessário.

---

*Termo criado por Stan Lee e que se tornou sinônimo dos objetivos de Marvel, onde devem ocorrer narrativas criativas e inovadoras em suas histórias.

Um dos exemplos recorrentes foi o de empresas que utilizam o modelo de negócios que requer aglomerações de pessoas, como bares e restaurantes, e que de uma hora para outra tiveram de alterar sua forma de operacionalização e comercialização para o *delivery*, que supriu um pouco as necessidades de fluxo de caixa e necessidades de capital de giro, mas não com a plenitude do negócio com a presença física de pessoas. Outras estão direcionadas para o modelo *life style business*, ou seja, negócios que não têm possibilidades de crescimento, como a maioria das cafeterias e pousadas, que têm limitações quanto ao porte e ao alcance geográfico, tornando-se como se fosse um negócio de pessoas.

Conforme Osterwalder e Pigneur (2011), um modelo de negócios é a descrição simplificada das atividades de uma organização, para auxiliar no desenvolvimento de negócio e fortalecer sua proposta de valor junto ao consumidor.

Conforme Palao, Lapierre e Ismail (2019), "Os modelos de negócios tradicionais baseiam-se na escassez, onde a proposta de valor está contextualizada com a oferta limitada".

Dessa forma, os mercados são identificados e a que sistema de valor se subordinam. Cavalcanti, Kesting e Ulhoi (2011) reforçam a premissa de que o modelo de negócios fornece certa estabilidade para o desenvolvimento das atividades organizacionais, necessitando que tenha a flexibilidade necessária para a realização de mudanças quando necessário.

SOCIEDADE 5.0

A humanidade passou por fases de desenvolvimento de produção e industrial decorrentes das necessidades e anseios de mercado. As fases envolveram os níveis mais básicos, até os que representam a atualidade. Tivemos as Sociedades 1.0 (relacionada à caça rudimentar), 2.0 (a descoberta da agricultura), 3.0 (a industrialização) e 4.0 (baseada em informação), que procuraram aumentar a competitividade entre empresas.

Nesse contexto, surgiu a Transformação Digital, fortalecendo o conceito da Sociedade 5.0, em uma reconciliação e equilíbrio do homem e máquina, contextualizada com a *Internet of Things* (IoT) e a Inteligência Artificial (IA), exigindo uma simetria tridimensional, combinando um conjunto de mudanças, transformações e inovações disruptivas e exponenciais. Termos antes restritos a filmes de ficção científica, como a realidade virtual, equipamentos autônomos e controle remoto, interfaces e nanotecnologia, tornam-se mais populares e aplicados nas soluções do dia a dia.

Todo esse processo de transformação resultou em uma revolução tecnológica, com benefícios como ganhos de produtividade e gestão; por outro lado, enumeram-se muitos desafios, sob os contextos produtivo, econômico, social e humano. Como exemplo, temos a automação e a informatização, que reduziram o volume de trabalho e consequentemente a quantidade de empregos formais. Vale, entretanto, frisar que é de responsabilidade de todos as devidas adaptações diante de cenários de grandes transformações.

CONCEITO DE *DATA DRIVEN*

Conforme Dickens (2007, p. 95), a tecnologia da informação atual é "baseada na convergência de suas tecnologias inicialmente distintas: as de comunicação (relacionadas à transmissão de informações) e as de computador (voltadas para o processamento de informações)". Essa convergência alicerçada pela mudança das linguagens analógica e digital conduziu para o desenvolvimento digital global, reunindo conhecimentos, recursos e ferramentas.

Segundo Cavulsgil, Knight e Riesenberger (2010, p. 29), "as empresas utilizam a tecnologia da informação para melhorar a produtividade de suas operações e, dessa forma, obter significativas vantagens competitivas". A década de 1980 foi marcada por crises econômicas e outras situações que obrigaram as empresas a adequarem sua oferta e, consequentemente, a redução de custos e a busca de produtividade, sinergia e economia de escala.

Ireland, Hoskisson e Hitt (2015, p. 14) afirmam que "o conhecimento (informação, inteligência e expertise) é a base da tecnologia e da sua aplicação. No cenário competitivo do século XXI, o conhecimento é um recurso organizacional fundamental e está se tornando cada vez mais uma fonte valiosa de vantagem competitiva". Dessa forma, quanto boa parte do mercado se estabeleceu em patamar similar aos recursos, nada mais justo do que evoluir para uma sociedade voltada para dados.

Dessa forma, ser uma empresa *Data Driven* é quando ela usufrui ao máximo seu potencial de dados existentes, para obter informações na sua carteira de clientes, bem como os potenciais. Google Analytics, Hubspot e CRM's, por exemplo, são ferramentas que possibilitam a obtenção de grande quantidade de dados, solidificando uma cultura *data driven*.

Uma cultura *Data Driven*, na essência, consiste em tomar as decisões alicerçadas em dados. A empresa organiza seus processos, métricas e indicadores com uma orientação para dados reais, descartando vieses originadas por opiniões, intuições, achismos e/ou heurísticas. Com isso, consegue usufruir e obter resultados máximos do potencial de mercado, principalmente sobre os clientes atuais e potenciais.

Trata-se de uma empresa direcionada para dados, com a capacidade de transformá-los em informações relevantes, que exige um *mindset* que faz com que as empresas aproveitem as oportunidades de mercado e com as decisões mais precisas, posicionando-as na frente dos concorrentes. De acordo com o Google (s/d), empresas *data driven* devem seguir os seguintes passos:

a) Pessoas que façam as coisas acontecerem e com formação acadêmica sólida e perfis profissionais específicos, como o *Chief Data Officer* (CDO) e *Data Scientist* (Cientista de Dados).
b) Processos onde, ao contrário das empresas tradicionais que apresentam estruturas divididas por partes, a empresa *data driven* trabalha de forma isolada, como no caso dos dados e informações armazenados em nuvens, embora a origem é individualizada. O banco de dados é gerado pelos diferentes departamentos, porém todos são compartilhados em conjunto e em tempo real.
c) *Assets*, relacionadas aos ativos da empresa, como a velocidade móvel, entre outros.
d) Dados que contenham a credibilidade e transparência necessárias, a partir de políticas internas, além de aplicações pontuais. Dados devem conter inteligibilidade, integrabilidade, rastreabilidade, escalabilidade, confiabilidade, entre outros.
e) Tecnologia, conforme evidenciado em capítulos anteriores.

Combinando o *off-line* com o *on-line*, conjugando uma combinação eficaz e eficiente por meio de *learning machine*, resultando uma interface e comunicação em tempo real entre consumidores e empresas. Que dados iniciais serão necessários sobre os clientes da empresa? Em suma, o que o cliente deseja em termos de necessidades, desejos ou mesmo problemas a resolver? Quando ele deseja ter os produtos e serviços e qual o valor do investimento que deseja pagar para obter sua satisfação? Quais são seus hábitos e comportamentos de consumo? Com isso é possível prever as demandas futuras e realizar as análises preditivas e prescritivas e tomar as decisões estratégicas necessárias para realizar o que deve ser no seu ambiente de negócios.

DIAGNÓSTICO, IMPLEMENTAÇÃO E GESTÃO *DATA DRIVEN*

Profundas reflexões devem ser exercitadas pela empresa e seus gestores, de forma a identificar necessidades e aplicabilidades que levem ao desenvolvimento sustentado. Um dos exercícios iniciais é saber o significado de uma empresa com cultura *data driven* e como as decisões influenciam nos resultados de negócios a partir da adoção de tais práticas. Essa cultura envolve a situação de a empresa ter a capacidade e ferramentas automatizadas de coleta e organização, de poder capturar dados existentes e novos e como influencia as tomadas de decisão. Para o aculturamento *data driven*, o importante é um grupo de colaboradores internos que pensem em dados.

A gestão da empresa deve deixar claro para seu grupo de colaboradores internos a importância de dados e como esses podem turbinar a capacidade analítica da empresa e de seus negócios. Tecnologia não é só suporte e essa deve gerar resultados. Senão, não é tecnologia...

Um dos grandes exemplos é a Netflix, conhecida por muitos como uma grande empresa de dados. House (2004-2012) é uma série televisiva que necessitava de um grande número de profissionais da área de medicina que contribuíam para a sustentação dos enredos das histórias. Stranger Things é outra série, está, porém, totalmente roteirizada baseada em dados, tendo como referências básicas filmes como Os Goonies (1985) e ET – O extraterrestre (1982). Conforme pesquisas realizadas pelos autores, alguns projetos da empresa são redigidos em forma de roteiro básico por meio de algoritmo e com base no público-alvo, indicados conteúdos que se mesclam na criatividade de seus roteiristas e diretores.

Para as campanhas de *marketing* e mesmo desenvolvimento de produtos, a empresa pesquisa comportamentos e hábitos de seus espectadores, envolvendo os momentos que o consumidor tem preferência em assistir, navegação e repetição de trechos de filmes e séries.

Recordando Rifkin (1996, p. 37), "o único novo setor no horizonte é o do conhecimento, um grupo de indústrias e de especialistas de elite serão responsáveis pela condução da nova economia automatizada da alta tecnologia do futuro".

> Conforme a Rock Content (2020), "Vingadores 4: Guerra Infinita" é um bom exemplo como o estúdio Marvel utiliza os dados das preferências de fãs e também as razões pelas quais a programação da Netflix sofre mudanças de país para país.

CONCLUSÕES

Dados é tudo e também poder, desde que a empresa tenha a capacidade de entender sua importância na empresa. Para alguns, pode tornar-se um diferencial de negócios. Cada vez mais empresas *data driven* têm-se tornado mais relevantes, pois dados representam o mercado e, a partir desses, o desenvolvimento de soluções inovadoras e criativas. Mas não é só isso: o aculturamento é de primordial importância, para que a empresa seja, pense e atue baseada em dados.

■ QUESTÕES SOBRE O CAPÍTULO

1. No que consiste uma empresa *data driven*?
2. Por quais razões a cultura *data driven* é importante para o desenvolvimento de negócios de uma empresa?
3. Por quais razões a cultura *data driven* é importante para elevar o nível de satisfação dos consumidores de uma empresa?
4. Que diferenças existem em empresas *data driven* das empresas que se comportam de forma mais tradicional?
5. Qualquer empresa pode ser *data driven*? Justifique e exemplifique sua resposta.

■ ESTUDO DE CASO – ORIENTAÇÃO E CULTURA *DATA DRIVEN*: O FENÔMENO MARVEL

Falar sobre a Marvel é um extremo prazer para quem acompanha a evolução de seus personagens desde a publicação de suas primeiras revistas em solo brasileiro na década de 1960, época de ouro da Editora Brasil-América (EBAL) no Rio de Janeiro. O que se pensava ser uma oportunidade de moda se transformou em uma ramificação de filmes. Durante muito tempo, filmes e subprodutos envolvendo super-heróis foram apostas arriscadas, pois não havia um grupo convergente de situações que tornassem essa categoria de filmes um grupo de consumidores, como ocorre com os gêneros de romance, drama, suspense e terror, por exemplo. Não havia "liga"...

Entretanto, diversas variáveis influenciaram essa categoria de filmes. Os avanços tecnológicos também afetaram a indústria cinematográfica e seu ambiente de negócios, desdobrada em games, séries, brinquedos, livros, revistas, entre outros. Por outro lado, as gerações Y e Z foram um dos principais públicos de interesse, devido às suas características relacionadas ao consumo e aspectos comportamentais. Esses fatores em conjunto causaram grandes disrupções em negócios e inovações, que impulsionaram a febre pelos aplicativos e o *streaming*, devidamente representado pela Netflix. Finalmente, as dificuldades em descobrir roteiros de sucesso impulsionaram essa categoria.

Não é propósito deste texto detalhar de forma pormenorizada a evolução desses filmes no segmento, porém se destacam os X-Men, dirigido por Bryan

Figura 5.1 Marvel. Fonte: Marvel (2021).

Singer (2000) para a Fox, e mais especificamente o Homem de Ferro, dirigido por John Favreau (2008) para a Marvel, que praticamente inauguraram a série de filmes que culminou em Vingadores 3: Guerra Infinita e Vingadores 4: Guerra Infinita. Foi um *storytelling* de 20 filmes que têm roteiros próprios individuais, porém se interconectam com uma linha mestre, um roteiro bastante ambicioso e um projeto inovador. Tal como ocorreu com a saga Star Wars, que se constitui em um evento que reuniu adoradores da saga, uma das principais razões do sucesso da filmografia da Marvel está na análise de dados do mercado, em especial de seus fãs – *Fan Services*.

Vamos imaginar a quantidade de títulos de revistas em histórias em quadrinhos e os milhares (sim, milhares) de personagens principais e secundários ou até os chamados de terceiro escalão, além e mais complexo as personas de cada um e os complexos roteiros que devem fazer sentido e equilíbrio de histórias e situações.

■ QUESTÕES SOBRE O ESTUDO DE CASO

1. Como o conceito *data driven* direcionou os negócios da Marvel?
2. Que fatores influenciaram positivamente os negócios desta nova fase da Marvel?
3. Que dificuldades podem ser citadas como relevantes para a incorporação *data driven* na Marvel?

4. Como a tecnologia contribuiu pontualmente nos negócios da Marvel?
5. A incorporação do aculturamento *data driven* é importante/relevante para o sucesso da Marvel? Explique sua resposta.

REFERÊNCIAS

Cavalcante S, Kesting P, Ulhol J. Business model dynamics and innovation: (re) establishing the missing linkages. Management Decisions. 2011;49(7-8):1327-42.

Cavulsgil ST, Knight G, Riesenberger JR. Negócios internacionais. Estratégia, gestão e novas realidades. São Paulo: Pearson; 2010.

Dickens P. Mudança global. Mapeando as novas fronteiras da economia mundial, 5ª ed. Porto Alegre: Bookman; 2007.

DISNEY. Excelsior! As 3 frases mais marcantes de Stan Lee no Universo Marvel. Disponível em: https://www.disney.com.br/novidades/excelsior-as-3-frases-mais-marcantes-de-stan-lee-no-universo-marvel. Acesso em 1/12/2022.

Google. Insights. Ideias. Inspiração. Transforme o seu marketing com Think with Google. Disponivel em: https://www.thinkwithgoogle.com/intl/pt-br/. Acesso em 21/12/2022.

Ireland RD, Hoskisson RE, Hitt MA. Administração estratégica. SãoPaulo: Cengage; 2015.

Kuazaqui E. Marketing cinematográfico e de games. São Paulo: Cengage; 2015.

Kuazaqui E (Organizador), Correa Jr CB, Oliveira C, Saito CS, Figueiredo CC, Rodrigues F, et al. Administração por competências. São Paulo: Almedina; 2020.

Marvel. Future fight Marvel. Disponível em: http://www.marvelfuturefight.com/en. Acesso em 02/04/2021.

Osterwalder A, Pigneur Y. Business model generation – inovação em modelos de negócios: um manual para visionários, inovadores e revolucionários. São Paulo: Alta Books; 2011.

Palao F, Lapierre M, Ismail S. Transformações exponenciais. São Paulo: Alta Books; 2019.

Rifkin J. O fim dos empregos. São Paulo: Makron; 1996.

Rock Content. Cultura data driven: entenda como a Marvel e Netflix produzem conteúdos orientados a dados. Disponível em: https://inteligencia.rockcontent.com. Acesso em 10/07/2020.

Capítulo **6**

A Transformação Digital Sob o Enfoque da Geografia de Negócios e Relações Internacionais

> *"Se você quiser construir um navio, não chame as pessoas para juntar madeira e trabalhar; ensine-as a desejar a imensidão infinita do oceano".*
> **Antoine de Saint-Exupéry (2018, p. 129)**

Objetivos deste capítulo:
- Conceituar, discutir e contextualizar as premissas básicas de Relações Internacionais.
- Conceituar, discutir e contextualizar a Geografia de Negócios Internacionais com a Tecnologia da Informação.
- Discutir e exercitar, por meio de estudos de casos, atividades e questões, os conteúdos propostos no capítulo.

INTRODUÇÃO AO TEMA

Os desenvolvimentos econômico, financeiro e tecnológico dependem do grau de industrialização, tecnologia, participação dos serviços e outros fatores, dependendo de cada país e situação. Um país pode desenvolver sua própria tecnologia e parques industriais, bem como depender da entrada e troca entre outras economias mais favorecidas. Dessa forma, este capítulo pretende discutir a importância dos mercados internacionais no desenvolvimento de empresas, bem como de aspectos relacionados com Relações e Geografia de Negócios Internacionais, como fluxos de conhecimentos e práticas que permeiam a Tecnologia da Informação (TI) no mundo.

GRUPO DE EXCELÊNCIA EM RELAÇÕES INTERNACIONAIS E COMÉRCIO EXTERIOR DO CONSELHO REGIONAL DE ADMINISTRAÇÃO DE SÃO PAULO (GERICE/CRASP)

Conforme o CRA/SP (2021), "As empresas não devem ser analisadas e avaliadas somente sob os pontos de vista econômico e financeiro (Figura 6.1). O social e o ético influenciam na imagem e posicionamento de negócios, que estão cada vez mais inseridos no ambiente global. Dessa forma, pretende-se, a partir de pesquisa em empresas brasileiras e que resultou em diagnóstico estratégico e em experiência profissional dos palestrantes, discutir a necessidade de as empresas terem um comportamento ético junto aos seus *stakeholders*, incluindo seus clientes, de forma a garantir sua sustentabilidade e longevidade. Pretende-se discutir estratégias de *marketing* internacional que visem evidenciar tal conduta e postura estratégica".

O Grupo de Excelência em Relações Internacionais e Comércio Exterior foi fundado em 16/11/2015. Com o aprofundamento da globalização e os impactos cada vez mais latentes dos acontecimentos globais no cenário nacional são, por si, fatos suficientes para a discussão deste tema dentro do contexto do Centro do Conhecimento do CRA-SP.

Tem como objetivos debater temas de relevância contemporânea, mediante prévia seleção pelos participantes, como o *marketing* internacional e as relações internacionais, com foco no Brasil. Pesquisar e analisar os cenários interno e externo, trazendo as contribuições de relevância para o meio acadêmico e profissional. Consolidar fundamentos, conhecimentos e práticas por meio de eventos, publicações e palestras. Gerar relacionamentos institucionais com as diferentes entidades das comunidades nacional e internacional. Desenvolver conceitos e práticas para o desenvolvimento do executivo global, *trader* e diplomata corporativo; e valorizar o papel do administrador em cenários nacionais e globais.

Figura 6.1 GERICE (CRASP). Fonte: Conselho Regional de Administração de São Paulo (CRASP).

INTERNACIONALIZAÇÃO E DESENVOLVIMENTO ECONÔMICO

Lembra um dos autores que em uma de suas viagens internacionais de consultoria, ao visitar Dubai em 2016, foi convidado para visitar os alicerces do que se pretende ser o centro de conhecimento científico dos Emirados Árabes. Mais do que depender de outras nações para suprir suas necessidades básicas, esse centro de conhecimento pretende ser um conjunto de instituições de ensino superior, laboratórios e centros de pesquisas, parte financiada por Abu Dhabi. Com o *core business* concentrado em petróleo e com recursos financeiros em abundância, o investimento refere-se a um reposicionamento estratégico de país e por que não dizer de toda a região dos Emirados Árabes, onde haverá o desenvolvimento de novos conhecimentos e tecnologias próprias ou comercializáveis com outras nações, como a formatação de patentes e direitos.

Uma das premissas em Comércios Exterior e Internacional está na situação de que nenhuma nação é autossuficiente em relação aos seus recursos, focando naqueles que têm maior facilidade na sua obtenção (*core competences*), como o Brasil em *agribusiness*, e depender de outras nações aquilo que lhe será muito mais dispendioso à sua produção e obtenção.

RELAÇÕES E GEOGRAFIA DE NEGÓCIOS INTERNACIONAIS

Atuar em negócios internacionais não é somente comprar e vender. Kuazaqui (2018) afirma que existem diferentes pontos de vista nos quais um mercado deve ser analisado. Um dos pontos fundamentais é entender que as questões comerciais estão relacionadas a uma parte do processo de internacionalização, permeando pelo conhecimento e aceitando a essência de cada nação, sua história e cultura, suas diferenças, competências e qualidades centrais, que posicionam cada uma delas. Além disso, temos a necessidade da formalização de negócios internacionais, incluindo a troca e o compartilhamento de conhecimentos e tecnologias.

Relações Internacionais implica formações humana, acadêmica e profissional mais amplas que, além dos elementos já citados, envolvem também religião, aspectos econômicos, políticos, diplomáticos, legais, religiosos e outros de região do mundo. Para a identificação de oportunidades e desenvolvimento de negócios, devem-se conhecer os trâmites diplomáticos e políticos, para compatibilizar e adequar suas estratégias.

Ainda conforme Kuazaqui (2018), a configuração mundial deve ser representada por uma espécie de mapa, ilustrando e identificando as competências centrais de cada nação e de onde e como se realizam os fluxos de negócios internacionais. Esse fluxo de negócios envolve a parte comercial e os de mercadorias e capitais, conhecimentos, tecnologias envolvidas e mão de obra.

A essa realidade (representada pelo mapa hipotético), a **Geografia de Negócios Internacionais** objetiva pesquisar, estudar e analisar a origem dos fluxos e as consequências para as nações, a dinâmica de processos e fornecedores de forma a possibilitar as ações presentes e futuras, a partir do entendimento do passado, bem como das políticas públicas e privadas que garantam a sustentabilidade das nações. Entendendo os fluxos e dinâmica de negócios, entende-se como a migração do negócio influenciará no comportamento de mercado e respectivos *stakeholders*, desempenho e resultados (Figura 6.2).

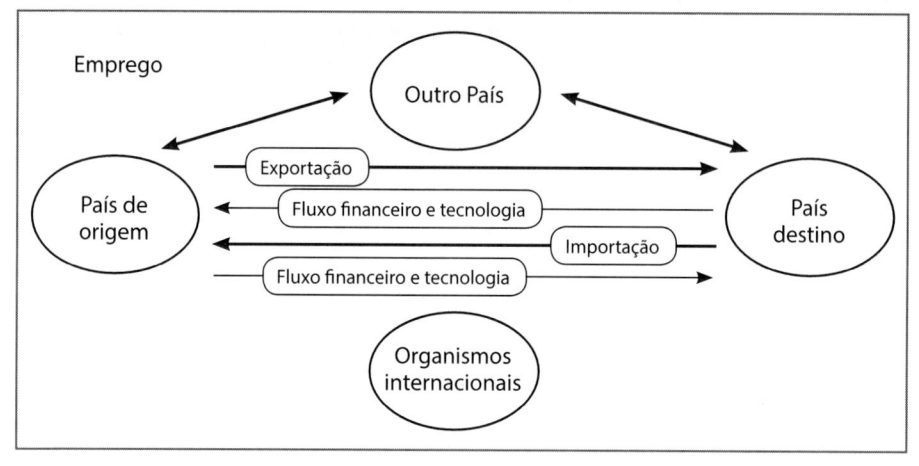

Figura 6.2 Componentes da geografia de negócios e relações internacionais. Fonte: Kuazaqui (2021).

Dicken (2010, p. 31) considera que a economia global é constituída por instituições, convenções e normas do sistema capitalista que são socialmente construídas. Relacionam-se com a propriedade privada, geração de lucros, alocação de recursos com base no mercado e consequente transformação de insumos e recursos de produção.

Pode-se analisar sob o ponto de vista da área pública, aqui representada pelos governos e que devem cumprir com suas obrigações para satisfazer as necessidades de sua população. Inicialmente, essas necessidades estão atreladas às questões mais básicas, como alimentação, saúde, educação e segurança do cidadão e de seu patrimônio.

Atendidas essas necessidades, derivam outras, relacionadas, por exemplo, na mobilidade urbana, no direito de ir e vir, na preservação de seus direitos constitucionais e outros de acordo com sua hierarquia econômica e social. Por outro lado, empresas também possuem necessidades distintas, de sobrevivência, manutenção e crescimentos doméstico e internacional, de forma a obter os diferenciais e vantagens competitivas necessários para sustentar sua perenidade e posicionamento competitivo no mundo de negócios.

Em síntese, existem três forças distintas – governo, pessoas e empresas –, que servem como força motriz para a concentração e movimentação de negócios no mundo. O resultado pode significar em mercados com determinada concentração regional e outros onde existe a dispersão, conforme atesta Kuazaqui (2018).

Como exemplos, temos o mercado chinês, com competências centrais concentradas em mão de obra intensiva, o que caracterizou produtos de mais baixo custo e que possibilitou seu crescimento e expansão de negócios além-mar. Por outro lado, a indústria têxtil está dispersa em vários pontos do mundo, cada qual com características e qualidades distintas. A indústria agroalimentar, em especial a agricultura, necessita de um tempo biológico para o desenvolvimento de suas *commodities* e, portanto, de elevados custos locais para manter suas áreas agrícolas, onde o consumo é eminentemente local, necessitando de economia de escala e produtividade para obter o excedente exportável.

Se essas três forças distintas estiverem alinhadas, é natural o crescimento de negócios, aumentando o volume produzido e ganhando em economia de escala. Por outro lado, a partir de sua expansão, encontrará novos fornecedores de matéria-prima e serviços mais competitivos, adquirindo-os de fornecedores globais e locais, descentralizando o fornecimento e possibilitando uma capilaridade saudável.

A gestão do negócio e da empresa é fundamental nesse processo, de forma a garantir a melhor utilização de recursos disponíveis com resultados, principalmente associados a produção, comercialização e vendas, em detrimento à imobilização e investimentos econômicos e financeiros necessários.

A figura 6.3 representa, de forma interpretativa, a influência de cada teoria no fluxo de internacionalização. Tratando-se de planejamento estratégico internacional, todos os itens são de tratados de forma uniforme, respeitando os prazos e situações decorrentes do processo de entrada e operação em mercados internacionais. Em outra opção estratégica, a empresa pode optar introduzir o negócio ou empresa por partes, conforme esse modelo interpretativo.

Para garantir esse crescimento de forma que não onere significativamente os recursos econômicos e financeiros da empresa, é possível uma iniciativa colaborativa internacional. Cavusgil, Knight e Riesenberger (2010, p. 310) definem como "uma aliança comercial transnacional em que as empresas parceiras juntam seus recursos e dividem os custos e os riscos do empreendimento". A empresa pode utilizar recursos próprios; entretanto, pode tornar o processo de expansão mais moroso e com a iniciativa privada o processo é muito mais eficiente.

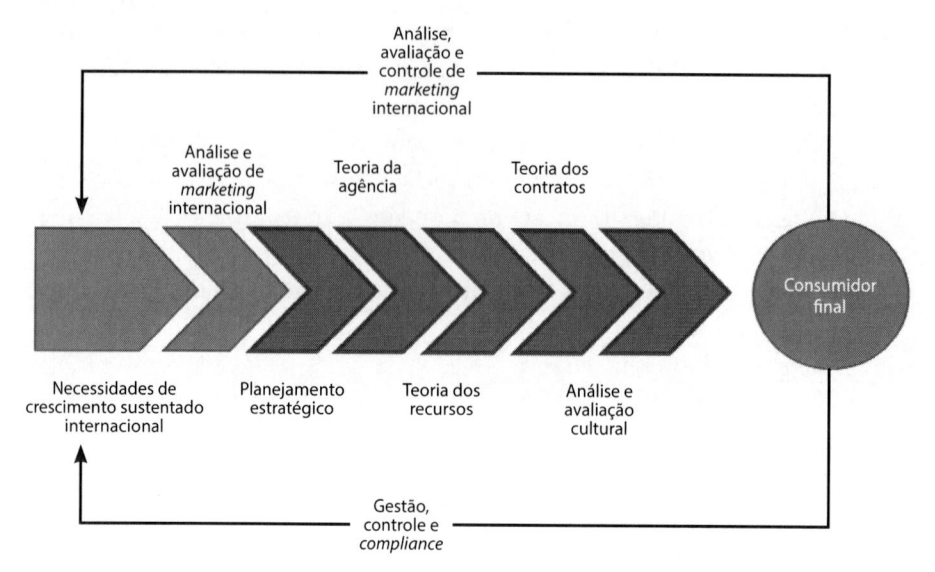

Figura 6.3 Análise sistêmica da expansão de negócios. Fonte: Interpretação dos autores, a partir de diversas teorias e práticas. Fonte: Kuazaqui (2021).

Jensen e Meckling (1976) fundamentam a Teoria da Agência como a análise de custos e conflitos resultantes da separação entre a propriedade e o controle de capital, neste caso aplicado, conforme o autor desta apostila, ao processo de internacionalização de um negócio ou empresa.

Considera-se que a expansão não se resume somente ao processo de amplitude internacional, à extensão da empresa e dos canais de distribuição, comunicação e relacionamentos, mas outras questões relacionadas à gestão dos responsáveis pelo processo de internacionalização, recursos disponíveis e contratos.

A empresa não deve basear suas estratégias na filosofia da abundância de recursos, mas sim, na realidade, ser otimizadas com os melhores resultados e mesmo dentro de fatores limitadores que conduzam à escassez de recursos. Essa escassez conduz à condição de que deve haver uma sinergia de esforços entre os envolvidos, de forma a trazer a melhor valia na utilização de recursos.

Como exemplo, temos a possibilidade, em caso de escassez, de outras formas de captação financeira, descartando as instituições financeiras, bem como da importação de matéria-prima e da capacitação e treinamento de mão de obra.

A Teoria dos Contratos leva em consideração a necessidade de uma espécie de pacto jurídico, em que existem e sejam cumpridos responsabilidades, direitos e deveres entre as partes. Uma das grandes questões em processos de internacionalização é manter esse pacto entre fornecedores, investidores, parceiros e colaboradores internos e externos.

Este último – colaborador interno – requer a identificação e manutenção do perfil, bem como salvaguardar os direitos e deveres trabalhistas, éticos e morais entre as partes envolvidas.

A importância da **Governança Corporativa** reside na identificação e fixação de mecanismos, estruturas e incentivos que alicercem o controle de gestão, para direcionar o comportamento dos gestores para o cumprimento dos objetivos estratégicos com o menor ônus, riscos e melhores resultados. Isso significa em utilizar, por exemplo, os recursos de forma mais eficiente e eficaz, maximizando os resultados.

Serve para salvaguardar os interesses dos proprietários, dos administradores regionais e dos acionistas, tornando necessária a utilização de indicadores e controles, além de uma controladoria eficaz.

Para satisfazer as necessidades legais e manter a boa condução de negócios de forma neutra e saudável, preconiza-se a utilização da auditoria interna para salvaguardar os interesses dos administradores locais, regionais, ou seja, da filial ou subsidiária. A auditoria externa serve para salvaguardar os interesses dos acionistas, enquanto a auditoria internacional é útil para salvaguardar os interesses dos proprietários.

Interessante observar que a empresa tem a necessidade de *funding*, recursos próprios e de terceiros para manter e ampliar seus negócios. Esses terceiros podem ser instituições financeiras como bancos (*stockholders*), emissão de papéis e, de forma mais contemporânea, a empresa pode obter recursos por meio de *shareholders*, que são os investidores anjos e que necessitam saber onde investir e manter um controle sobre seus investimentos.

Sob outro ponto de vista, Hofstede (2001) afirma que as competências são desenvolvidas a partir de experiências culturais que envolvem fatores como atitudes, habilidades e conhecimento, em que propõem a necessidade de uma comunicação intercultural que possibilite a troca e o desenvolvimento dessas experiências entre profissional e ambiente.

Um ponto de bastante relevância nas pesquisas desenvolvidas pelo autor se refere à adaptação cultural que em parte pode ser medida, porém nem sempre compreendida como um todo, pois um indivíduo expatriado, por exemplo, tem direitos e deveres assumidos perante a empresa onde trabalha, bem como sua família e dependentes.

TECNOLOGIA DA INFORMAÇÃO (TI) NO CONTEXTO INTERNACIONAL

As tecnologias são variáveis relacionadas ao nível de conhecimento e instrução de cada população. Podem ser desenvolvidas de país para país, para atender as necessidades e demandas próprias, bem como contribuir para o desenvolvimento de outras nações, favorecendo significativamente os desenvolvimentos econômico e social.

Nesse sentido, não estaremos necessariamente recorrendo a fluxos internacionais de desenvolvimento tecnológico, mas a algumas premissas mais amplas para não restringir a determinado tipo de bem ou mercado.

Uma das premissas iniciais é que existe relação direta entre o desenvolvimento econômico e o de tecnologia, o que pode indicar que muito do que conhecemos hoje está relacionado às nações mais ricas do mundo, como os Estados Unidos da América, China, Japão e Alemanha, por exemplo. Justifica-se pelo nível de industrialização e serviços, que faz com que as empresas tenham de ser mais competitivas nos ambientes doméstico e internacional. Por outro lado, existe uma relação entre conhecimento e tecnologia, o que reforça essa tese.

Dicken (2010) ressalta o surgimento de uma nova geoeconomia qualitativamente diferente daquela que conhecemos. Essa realidade está baseada nas desigualdades geográficas das estruturas e respectivos processos e de resultados globalizados. Embora essa afirmação esteja diretamente relacionada em seus estudos sobre semicondutores, esse foi, conforme o autor (2010, p. 342), "o primeiro a receber o rótulo de fábrica global.

Schumpeter (1943) afirma que a mudança tecnológica relacionada à inovação é uma força fundamental para a formação de transformação econômica, pois resulta da criação e democratização de novas formas de desenvolver processos para o desenvolvimento econômico.

Dicken (2010, p. 92) ressalta que "a mudança tecnológica é um processo social e institucionalmente incorporado", que são condicionados e resultantes de valões e empreendimentos comerciais, fazendo com que várias reflexões possam ser realizadas, dependendo da análise de contexto. Economicamente falando, a tecnologia pode ser uma facilitadora ou habilitadora, pois permite viabilizar e desenvolver novos arranjos produtivos, produtos e serviços.

TECNOLOGIA DA INFORMAÇÃO (TI) NO CONTEXTO DO DISTANCIAMENTO SOCIAL

Uma das consequências da COVID-19 foi o distanciamento social (e não, necessariamente, o isolamento social) e *lockdown*. As viagens internacionais diminuíram drasticamente e uma das principais características dos negócios internacionais residia nas viagens internacionais e respectivos trâmites para a demonstração física do que estava sendo comercializado e a necessidade de contatos pessoais para o aprofundamento dos vínculos cognitivos de relacionamentos.

Se antes, uma das grandes desculpas para a não realização de viagens internacionais, pelo custo e por vezes por falta de capacidade da empresa, com o distanciamento social houve a possibilidade de contatos *on-line* pelas ferramentas disponíveis de comunicação, como o Google Meetings. Ainda permanecem algumas necessidades, como, por exemplo, a fluência no idioma sob o ponto de vista da negociação, argumentação e outros, mas a tecnologia possibilitou que em muitos casos os negócios internacionais não diminuíssem de forma agressiva, mas como uma ferramenta que, com certeza, permanecerá em menor grau.

CONCLUSÕES

Conforme afirmado no capítulo 1 deste livro, a tecnologia influenciou o desenvolvimento da comunicação e processos, dois fatores relevantes para que as empresas pudessem emigrar para mercados internacionais. Dessa forma, além do desenvolvimento natural da própria empresa e respectivos negócios, também influenciou a migração de negócios e outros fluxos derivados, como a transferência de mercadorias, logística, *stakeholders*, processos produtivos, conhecimentos e tecnologias. Esse fenômeno permitiu a identificação de fluxos de negócios, de conhecimentos, capital intelectual e tecnologia, de forma a entender como o mercado internacional pode influenciar as demandas de mercado e até prever estratégias futuras de negócios. Tudo isso agregou as Relações Internacionais e a Geografia de Negócios Internacionais.

QUESTÕES SOBRE OS CONTEÚDOS

1. Por quais razões um país não deve ser autossuficiente em relação às suas necessidades?
2. Que critérios um país pode adotar para selecionar que áreas serão objeto de maior atenção/desenvolvimento econômico?
3. Na sua opinião, existem pontos a serem considerados na seleção da origem da tecnologia 5G em relação ao Comércio Exterior Brasileiro?
4. O que difere, essencialmente, a Geografia de Negócios Internacionais das Relações Internacionais?
5. Pensando em Tecnologia: como se processam os fluxos de compartilhamento de conhecimentos?

▪ ESTUDO DE CASO – A DISPUTA PELO MERCADO 5G

A telefonia celular está totalmente incorporada ao cotidiano das pessoas e empresas, devido à praticidade de comunicação, conectividade, mobilidade e no uso de serviços, inclusive pela *internet*. Já foi o tempo da telefonia móvel como única forma de comunicação a distância, com todas as limitações do seu formato (Figura 6.4).

A criação do aparelho celular na década de 1970 pela Motorola foi um verdadeiro divisor de águas no que tange ao setor de comunicações e de negócios, que consistia em um aparelho sem fio para a utilização em automóveis. A categoria G1, em que o G significa geração, foi desenvolvida na década de 1980, com todas as limitações tecnológicas da época. Uma delas se referia ao tamanho e ao peso, que correspondia a cerca de um quilo e com uma bateria com baixa durabilidade, com o simples objetivo de realizar chamadas pelo meio analógico, com modulação de frequência (FM) de onde você estivesse e com a qualidade baixa.

A categoria G2 foi desenvolvida na década de 1980 e representa considerável melhoria em relação à anterior, com tamanho menor, passando do analógico para o digital, com considerável melhoria quanto à qualidade da comunicação, inclusive com a opção de transferência de dados, baixar imagens e uso do SMS (*Short Messaging Service*). Se antes a demanda era baixa, com esse novo formato houve aumento gradativo da popularidade, mas ainda sem grande poder econômico e de negócios como nos dias atuais.

A categoria G3 da década de 2000 representou a popularização de fato, inclusive no desenvolvimento dos *smartphones*. Com os avanços da tecnologia foram possíveis aumento da capacidade de transferência de dados, conexão mais forte

Figura 6.4 Mercado 5G. Fonte: Estadão E-Investidor (2020).

aos vídeos e serviços de *streaming*, bem como a interconexão com outros serviços e aplicativos, como os de mobilidade urbana, segurança, geolocalização, videoconferências e troca de mensagens por *e-mail*. O mercado atraiu a atenção de grandes empresas, como a Apple e o seu iPhone e a Google com seu sistema operacional Android.

A categoria G4 da década de 2010 apresentou maior velocidade de transmissão, conectividade, segurança, mobilidade e capilaridade, tudo em alta definição. Um dos grandes méritos da telefonia celular foi a incorporação em um único aparelho de diferentes serviços e benefícios de outros meios e produtos, além da comunicação. Trata-se, *grosso modo*, de um aparelho doméstico, mas com um posicionamento diferenciado e a evolução óbvia é seguir por esse mesmo caminho.

A categoria 5G da década de 2020 confirma a afirmação anterior, incluindo velocidades mais rápidas e menores consumos de energia, o que possibilitará a interconexão com a realidade da *Internet of Things* (IoT), que exige um grande número de dispositivos e transmissão, capazes de interagir com carros autônomos e cidades inteligentes, por exemplo. Com certeza, pessoas físicas serão beneficiadas, mas muito dos benefícios estarão concentrados nas indústrias, com o aumento da digitalização, eficiência e produtividade.

Com um mercado tão potencial, é lógico que a disputa é acirrada para a formalização das estruturas que possibilitarão a nova geração, com a Nokia (Finlândia), Huawei (China) e Ericsson (EUA), entre outros. A disputa comercial está mais acirrada e polarizada entre os EUA e a China, históricos antagônicos comerciais internacionais, agravada pelo posicionamento do ex-presidente Donald Trump, que até ofereceu ao mercado brasileiro subsídio bilionário para que a empresa chinesa não participasse do processo de licitação internacional. Pensando dentro da óptica da Geografia de Negócios Internacionais, os EUA têm supremacia diplomática e comercial entre ocidentais e a China pelo lado oriental, fato este similar ao que está ocorrendo com a comercialização das vacinas contra a COVID-19. A região da América do Sul e Central fica, de um certo modo, à deriva e principalmente o Brasil, pela dependência comercial em comércio exterior com o mercado chinês.

▪ QUESTÕES SOBRE O ESTUDO DE CASO

1. O que difere, essencialmente, a tecnologia 5G da geração anterior em termos de negócios internacionais?
2. Por que não desenvolver uma estrutura tecnológica própria para o 5G?
3. Que consequências e impactos teremos se a decisão do mercado brasileiro pender para a nova geração de tecnologia para os EUA e/ou a China?

4. Como a tecnologia 5G influenciará positivamente o mercado brasileiro?
5. Que riscos e consequências podem ocorrer no país se não houver a adesão da nova geração tecnológica?

REFERÊNCIAS

Cavulgil ST, Knight G, Riesenberger JR. Negócios internacionais. Estratégia, gestão e novas realidades. São Paulo, SP: Pearson; 2010.

Conselho Regional de Administração de São Paulo (CRASP). Disponível em: https://www.crasp.gov.br/encoad/2016/descricao8.html. Acesso em 01/04/2021.

Dicken P. Mudança global. Mapeando as novas fronteiras da economia mundial. 5ª ed. Porto Alegre: Artmed; 2010.

Estadão E-Investidor. China vs. EUA: Saiba o que há por trás da guerra do 5G com a Huawei, 18/11/2020. Disponível em: https://einvestidor.estadao.com.br/mercado/huawei-china-eua-guerra-5g/. Acesso em 02/04/2020.

Kuazaqui E. Marketing internacional: desenvolvendo conhecimentos e competências em cenários globais. São Paulo: M. Books; 2007.

Kuazaqui E, Lisboa TC, Gudergues Luis APA, Rodrigues ME, Barros Neto JP de, Zorovich MRS. Relações internacionais: Desafios e oportunidades de negócios do Brasil. São Paulo: Literare; 2018.

Schumpeter J. Capitaism, socialism and democracy. London: Allen & Unin; 1943.

Capítulo 7

Marketing Tech

> *"Uma plataforma de engajamento é um conjunto de pessoas, processos, interfaces e artefatos cujos desenhos para o engajamento possibilitam ambientes de interações que intensificam ganhos agenciais na criação de valor".*
>
> **Ramaswamy e Ozcan (2014, p. 34)**

Objetivos deste capítulo:
- Discutir a importância do *Marketing* na sociedade contemporânea.
- Desenvolver a evolução dos principais conceitos de *Marketing*.
- Contextualizar o *Marketing* 4.0 no ambiente corporativo.
- Desenvolver as principais ferramentas de *Marketing* Digital.
- Exercitar os conceitos no ambiente corporativo.

INTRODUÇÃO AO TEMA

Não existe sociedade sem as influências do *marketing*. *Marketing* é um desdobramento dos preceitos da economia que trata da oferta e principalmente da demanda, onde se procura demonstrar a importância dos sistemas de troca e como essas evoluíram (e estão evoluindo) de maneira a atender de forma cada vez mais concisa e direta as diferentes necessidades de mercado. A oferta é representada pela empresa, a qual deve estar devidamente planejada, estruturada e gerenciada para obter resultados econômicos e financeiros a partir do atendimento dos desejos do mercado. A demanda é representada pelos consumidores, pessoas físicas e jurídicas, com necessidades, desejos e carências que buscam a solução de seus problemas individuais, coletivos e corporativos. Percebe-se então a importância do *marketing* na sociedade contemporânea e um dos grandes desafios das empresas na atualidade é sua conscientização no ambiente de negócios onde atuam e como atender o mercado sempre de acordo com as variáveis macroambientais, que influenciam diretamente nos seus negócios. Entre as variáveis mais significativas, temos a variável tecnológica, que influencia as práticas tanto da oferta como da demanda. A tecnologia tem cada vez mais, de forma disruptiva e exponencial, afetado o comportamento do mercado, com uma rapidez e contundência jamais vista. Se antes as mudanças e transformações ocorriam em longos períodos, senão décadas, esses foram reduzidos e a cada momento têm-se novas propostas de valor e inovações. Um exemplo dessa realidade são os aplicativos de mobilidade urbana e alimentação, o *streaming*, ensino e treinamento a distância. Dessa forma, este capítulo irá discutir a evolução histórica dos conceitos de *marketing* tradicional para o digital e suas ferramentas, tendo evidentemente como plano de fundo a própria evolução tecnológica e demográfica como principais influenciadoras de suas práticas.

Desenvolvemos as 8 ferramentas de *marketing* focadas em serviços, em vez de realizar derivações sobre a possibilidade de ter um mix exclusivo para o digital.

TECNOLOGIA E *MARKETING*

A Tecnologia da Informação (TI) pode ser aplicada de diferentes formas, seja na empresa, seja em seus processos, comercialização, nas estratégias, negócios e no mercado. O que vale é sua utilização além da tradicional ideia de que é focada somente para a redução de custos e despesas, mas sim proporcionar um ambiente favorável de negócios e social. Pensando dessa forma, a BASF tem-se destacado não somente na utilização da tecnologia para tornar seus processos internos mais produtivos, mas também para manter a excelência de negócios por meio de novas soluções para o mercado. Conforme atestado pela empresa (2019), suas iniciativas levaram à premiação pela 100 Open Startups, que é uma plataforma de conexão entre grandes empresas e as *startups* e que alavancam oportunidades de negócios. A premiação que avaliou as empresas mais engajadas no ecossistema de inovação é resultante do trabalho realizado pelo Centro de Experiências Científicas e Digitais, a Onono, que serve como mola propulsora na criação e desenvolvimento de negócios em todo o Sistema de Valor da empresa/negócio/setor, que envolve a empresa, clientes, fornecedores de matéria-prima e serviços, colaboradores, instituições de ensino superior e *startups*. Além dessa premiação, outra foi conquistada, a de avaliação de *startups*. Mais do que produzir e comercializar produtos químicos, a empresa entende que deve construir um futuro sustentável a partir de um ecossistema tecnológico e digital, com responsabilidade social e proteção ambiental. Todo esse processo remete à ideia de que a TI, além de ser uma importante variável macroambiental de *marketing*, molda comportamentos e ações estratégicas e transforma as formas de ser, pensar e agir em negócios. Com isso, a empresa fortalece seu posicionamento estratégico e sua perenidade no mercado.

MARKETING: RELEVÂNCIA NA SOCIEDADE CONTEMPORÂNEA

Marketing visa atender às necessidades e aos desejos do mercado, sejam eles quais forem. Essa afirmação está baseada com alguns autores, como Levitt (1960). Consideram-se necessidades os estados de privação que existem no mercado e são necessárias para a sobrevivência das pessoas, como alimentação, saúde e proteção. Desejos são as materializações, a partir da interpretação e análise dos consumidores, de que a empresa oferece para o mercado, para atender suas necessidades. Durante muito tempo considerou-se que o *marketing* não cria necessidades e somente desejos, porém é um tema controverso, pois a afirmação está contextualizada dentro do período histórico quando o artigo foi escrito e no início da construção da teoria do e tratando-se de produtos físicos. Na concepção contemporânea, temos outra realidade em que dificilmente poderíamos imaginar manter nossa rotina sem um aparelho de micro-ondas, aparelho de telefonia celular, um aplicativo de mobilidade urbana ou mesmo um serviço de *streaming*. Embora alguns considerem que são extensões de necessidades já existentes, é notória a dependência da sociedade sobre a oferta desses serviços, em decorrência da evolução tecnológica (Figura 7.1).

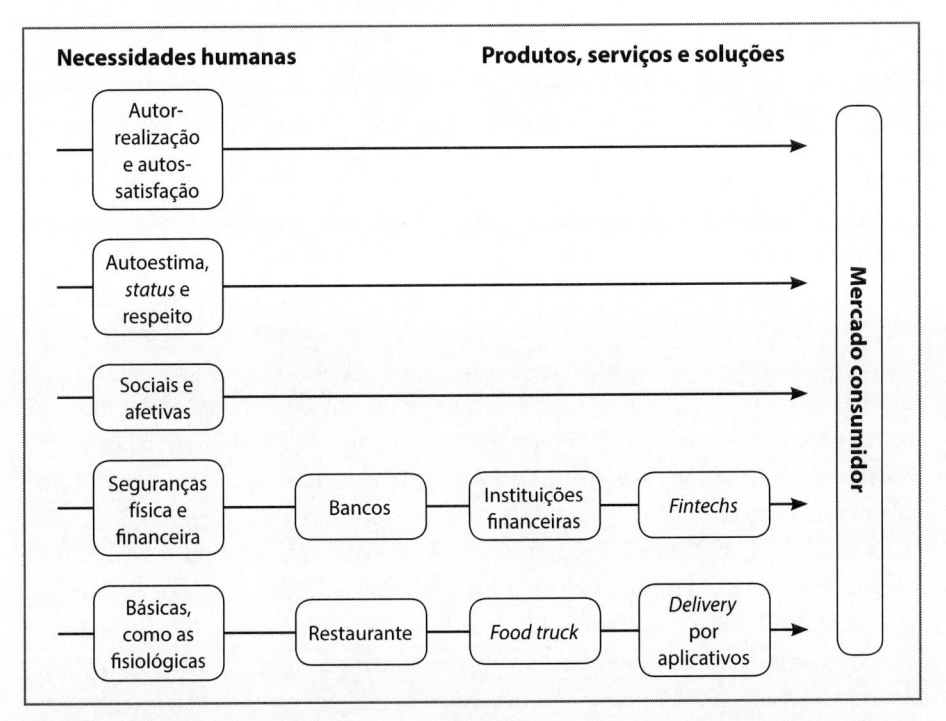

Figura 7.1 Desdobramento das necessidades humanas. Fonte: Adaptado por Kuazaqui a partir de Maslow (1970).

Outro ponto fundamental é que não atendemos somente desejos e necessidades do consumidor, pois esse também está à procura de soluções para seus problemas pessoais e de grupos. Esses problemas estão relacionados ao seu bem-estar econômico, financeiro, social e afetivo, por exemplo. Quando uma pessoa procura por uma academia, provavelmente está interessada em seu bem-estar físico, saúde, aparência e melhoria da sua sociabilidade. Um estudante, além dos conhecimentos aprendidos, está à procura de uma boa posição profissional e estabilidade financeira. Uma empresa, ao procurar por um profissional da área de TI está à procura de melhor gestão de seus recursos estratégicos, bem como a interpretação e análise mais correta de mercado e não necessariamente sobre os aspectos técnicos envolvidos (Figura 7.2).

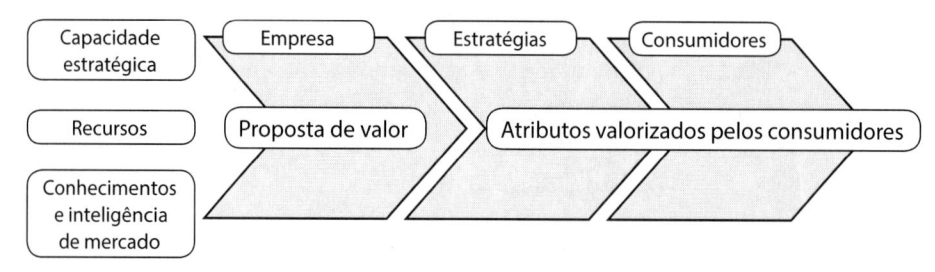

Figura 7.2 Proposta de valor e atributos valorizados pelos consumidores. Fonte: Kuazaqui (2021).

Proposta de Valor é o benefício intangível que a empresa pretende entregar ao seu consumidor. Está diretamente relacionado à utilidade do que está sendo entregue, bem como de todos os agregados incorporados, denotando a ideia de portfólio. Um convênio médico tem por finalidade a prevenção por situações possíveis e adversas, complementado com o desejo de bem-estar e segurança daqueles que amamos. Em empresas, trata-se de um benefício que melhora a produtividade e eficiência dos colaboradores internos. É um diferencial competitivo que torna mais atrativo o que a empresa oferece, desde que haja o equilíbrio das ferramentas de *marketing*, como a comunicação e preços.

Dessa forma, a empresa deve estar atenta ao que o consumidor realmente deseja, ou seja, os **atributos valorizados pelo consumidor** e como a empresa pode atender de forma a surpreender e superar os anseios e expectativas deste consumidor. Por outro lado, nem sempre o consumidor sabe o que necessita, devendo a empresa informar e comunicar os benefícios e diferenciais competitivos que justifique a aquisição do que oferece (proposta de valor), a partir dos atributos valorizados pelo consumidor.

Esses atributos valorizados são benefícios e serviços adicionais que o consumidor valoriza e que servem como fatores decisivos no seu processo de aquisição e consumo (Quadro 7.1).

Quadro 7.1 Exemplo de atributos valorizados pelo consumidor.

Serviço	Necessidade	Atributos valorizados
Táxi	Transporte de pessoas	Experiência e segurança derivadas da formalização da atividade econômica como motorista
		Tradição comportamental
		Serviços incorporados ao atendimento, como ar condicionado, marcação de corridas, entre outros
Aplicativo	Mobilidade urbana	Preço justo, em que o cliente paga menos pelos serviços ofertados e já tem ciência antecipada do valor antes de aceitar a corrida
		Praticidade na solicitação realizada por aplicativo, bem como do atendimento, onde o cliente está e quando deseja realizar a corrida
		Rapidez no atendimento solicitação
		Padronização no formato de atendimento e pagamento
		Empoderamento na avaliação da prestação de serviços

Fonte: Kuazaqui, 2022.

Esses atributos valorizados transcendem a forma como a empresa deve identificar as necessidades e desejos do mercado, possibilitando a segmentação sob diferentes visões sobre o mesmo consumidor. Esses atributos devem ser pesquisados e devidamente mensurados e associados com métricas apropriadas. No exemplo citado, percebe-se que os dois serviços podem ser considerados do mesmo grupo estratégico, porém pode-se também diferenciá-los sobre outros fatores.

Outro ponto a considerar é que os atributos valorizados do consumidor podem variar de acordo com diferentes fatores e situações. No caso do aplicativo, a situação econômica do Brasil favoreceu a oferta e popularização dos serviços, sendo a *startup* UBER a empresa que possui o maior número de colaboradores do País; por outro lado, outras situações se agregam ao sucesso do negócio, dessa vez sob o ponto de vista do consumidor: a mesma recessão econômica favoreceu a troca pelos serviços tradicionais dos taxistas para o oferecido pelo aplicativo, bem como da análise da relação custo-benefício de algumas famílias, em que se comparam o custo e o tempo de uma família utilizando o transporte público em um final de semana e o custo e tempo dessa mesma família utilizando, todos juntos, os benefícios de uma mesma corrida.

EVOLUÇÃO DOS CONCEITOS DE *MARKETING* ATÉ O DIGITAL

O *marketing*, como desdobramento da economia, mas com uma influência humana muito forte, evolui de acordo com as mudanças e transformações do ambiente onde são realizadas as transações e da própria sociedade onde a empresa e os negócios estão inseridos. **Muda o consumidor, muda o mercado e, consequentemente, a empresa.** Se tradicionalmente os negócios e as práticas eram realizados somente para atender demandas locais (regionais), convivemos na atualidade com as particularidades de ambientes internacionalizados e de mercados abertos, onde a realidade nos remete a um tipo diferenciado de concorrência e principalmente com um perfil consumidor bastante diferenciado. Nesse cenário, o importante é não somente tentar atender as demandas do país onde estão localizados a empresa e seus negócios, mas sempre com um pensamento de longo prazo e perspectiva global, em que nem todas as situações são favoráveis ao consumo, como, por exemplo, a possibilidade de crises econômicas internacionais, volatilidade dos mercados e diferenças sociais. Segue breve descrição da evolução dos conceitos de *marketing*, cujos períodos estão divididos pelas características e influências no mercado consumidor.

Marketing 1.0: da revolução industrial até o século XIX

Orientação para a produção – não havia tantas opções e variedades de produtos ofertados ao mercado. O foco principal reside nos processos de produção, o chamado chão de fábrica, produzindo de acordo com o que a empresa considerava essencial para a fabricação, como fazer o que era necessário. As relações de trabalho eram precárias. Como as comunidades não eram tão populosas comparativamente aos dias de hoje, a demanda e a oferta eram mais simples. Além disso, devido aos períodos de guerras mundiais, as empresas não tinham recursos econômicos e financeiros suficientes para a oferta de novos produtos. As atenções então eram direcionadas para como produzir de forma mais produtiva, sinergia e economia de escala. Dessa forma, os processos mecanizados eram as principais preocupações das empresas e o foco "de dentro para fora", ou seja, como a empresa poderia produzir para o mercado consumidor.

Orientação para o produto – o quanto os recursos voltaram para a economia a partir do período pós-guerra, onde as empresas tiveram mais acesso a recursos financeiros com custos menores, gerando novos produtos, empregos e impostos, fazendo "crescer" a economia. Dessa forma, a empresa, pelo incremento da demanda, ofereceu ao mercado um portfólio maior de produtos e serviços, onde itens como *design*, embalagem e funcionalidade começaram a se destacar diante da demanda.

Orientação para as vendas – com o crescimento da demanda e da concorrência, as empresas direcionaram seus esforços para as vendas, para obter os resultados de curto prazo e suprir suas necessidades de crescimento. O mix de promoção torna-se um dos norteadores das ações das empresas.

Marketing 2.0: do século XIX ao término da Segunda Guerra Mundial

Orientação para o *marketing* 2.0 – finalmente, como evolução natural, a orientação para o *marketing*, em que o atendimento dos desejos e necessidades de consumidores são os principais norteadores da empresa, onde o lucro é consequência direta dessa prática. Esse é o conceito que perdura até os dias de hoje. Para atender o mercado, o desenvolvimento das pesquisas quantitativas e qualitativas, os sistemas de informação de *marketing* (SIM) para entender melhor o mercado consumidor.

***Marketing* social e ambiental** – nesse, a empresa pode obter diferenciais competitivos e melhor visibilidade a partir do respeito e atendimento das necessidades e carências sociais e ambientais. Trata-se de práticas, ações e comportamentos politicamente corretos, que movimentam as comunidades interna e externa da empresa.

Marketing 3.0: o humano e o espiritual

***Marketing* 3.0** – em que as atenções se voltam para o bem espiritual dos colaboradores internos. As práticas de conscientização são direcionadas para o público interno quanto à necessidade de qualidade de vida. Trata-se de uma orientação voltada para o bem-estar do indivíduo, até como uma evolução natural do *marketing social*. Com um ambiente saudável e com boas relações internas, com certeza essas influências se transferirão para o ambiente externo da organização e aprofundarão os relacionamentos estratégicos, bem como uma imagem positiva.

Marketing 4.0: revolução e digitalização

***Marketing* 4.0** – onde a variável tecnológica contribui em diferentes níveis: desde a empresa (processos), sua gestão (ações), mercado (ambiente digital) até consumidores (comportamentos e atitudes). Necessidade de adequação do ambiente interno, quanto a estrutura, processos e treinamento, além dos investimentos necessários para suportar as estratégias. O *marketing* 4.0 é bem-vindo, para propiciar quebras de paradigmas, bem como oxigenar as empresas quanto às suas posturas e atitudes. Como o *marketing* sempre é o reflexo do mercado, é imprescindível correlacionar com o mercado. Percebe-se a importância das gerações, em especial as Y e posteriores, que nasceram em um ambiente relativamente diferente das anteriores e com um toque digital.

GERAÇÕES E APLICAÇÕES NO *MARKETING* 4.0

Uma das variáveis macroambientais mais importantes relacionadas ao ambiente tecnológico é a variável demográfica, mais especificamente a estrutura etária, que influencia diretamente nos comportamentos dos mercados consumidores, bem como profissionais de empresas.

Quadro 7.2 Características das gerações comportamentais.

Gerações	Período de referência	Perspectivas	Ética profissional	Comportamento perante a autoridade	Espírito
Tradicionais	Até 1946	Prática	Dedicadas	Respeito	Sacrifício
Baby boomers	1946-1964	Otimista	Focadas	Amor/ódio	Automotivação
Geração X	1965-1983	Cética	Equilibradas	Desinteresse	Anti-compromisso
Geração Y	1984-1990	Esperançosa	Decididas	Cortesia	Inclusão
Geração Z	1991-2010	Insatisfação	Indiferentes	Indiferença	Individualismo
Alpha	2011-...	Indisponibilidade emocional	Indecisas	Adequado	Individualismo moderado

Fonte: Atualizado por Kuazaqui a partir da HSM Management Update (2008).

Podemos afirmar que a análise por intergerações pode ser dividida em antes e depois de 1946, aproximadamente, pois no antes não havia grandes estudos. Foi a partir desse divisor histórico é que houve associações entre período de nascimento e maturidade com posturas e atitudes, resultando diretamente em comportamentos humanos e, posteriormente, em profissionais.

Os *baby boomers* são os nascidos no período de 1946 a 1964. Com o final da Segunda Guerra Mundial, os países voltaram a reinvestir os impostos em infraestrutura e nas empresas, que começaram a oferecer mais e novos produtos. O mercado aquecido proporcionou crescimentos econômico e demográfico, que impulsionaram favoravelmente o mercado. Nesse ambiente de pleno emprego nasceram os *baby boomers*, com novas ideias em um cenário ansioso por elas. Muito do que conhecemos na atualidade como produtos e serviços teve neste período seu berço, bem como o crescimento de empresas mundialmente falando.

A geração X é representada pelos nascidos no período de 1964 a 1983, coincidindo com o final gradual do crescimento demográfico da geração anterior e redução de empregos, acentuados com as crises internacionais e redução do quadro de colaboradores internos. Dessa forma, os dessa geração têm um perfil mais sério e conservador, em decorrência, inclusive, dos inúmeros desafios que passaram.

Já os da geração Y são os nascidos no período de 1984 a 1990, com uma influência menor da família, pois os pais estavam se dedicando ao emprego e coincidindo com as consequências e impactos da informatização, um dos meios que as empresas encontraram para reduzir custos e despesas e atender a necessidade de crescimento organizacional. Passaram por um processo transitório, que envolveu as quebras de paradigmas e o início do "novo mundo".

Os da geração Z são os nascidos no período de 1991 a 2010, com um perfil mais individualista e insatisfeitos com a sociedade onde convivem e com o perfil de curto prazo, como a necessidade de ascensão profissional. Muitos consideram descompromissados, porém o fato é que refletem talvez um mundo muito diversificado e pulverizado, sem uma orientação mais focada, seja nos níveis institucionais, seja nos profissionais.

Os *alpha* nasceram dentro de um ambiente 100% digital. Sem o contato, como as gerações anteriores, com o ambiente analógico. Enquanto as gerações anteriores se preocupavam em se adaptar aos diferentes níveis de tecnologia, esses estão totalmente ajustados ao ambiente tecnológico. Não se tem ainda uma descrição comportamental completa, mas provavelmente teremos um público bastante suscetível aos apelos com intensidades tecnológicas.

Gabriel (2012) categoriza dois tipos de públicos contextualizados com o ambiente digital: temos os **"imigrantes digitais"**, que usufruem dos benefícios da *internet* para pesquisas pessoais e acadêmicas, buscando a adaptação aos meios digitais disponíveis; e os **"nativos digitais"**, aqueles que nasceram dentro da realidade digital, interagindo como se fossem únicos e usuais e, portanto, com uma visão concentrada nas opções digitais (Figura 7.3).

Em síntese, a identificação e a análise das intergerações possibilitam entender, por meio de sua evolução, como se processaram os cenários passados, entender os presentes e visualizar os futuros, inseridos em uma perspectiva global, econômica e social. E entender o comportamento dos consumidores.

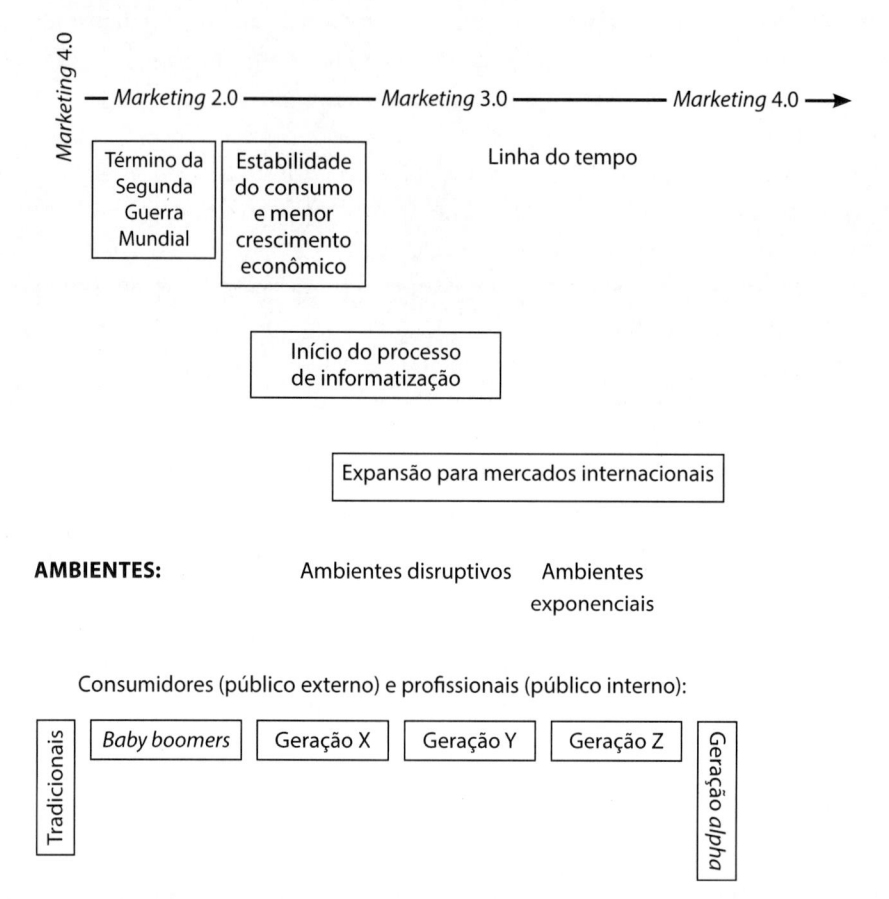

```
Marketing 4.0
    — Marketing 2.0 ————— Marketing 3.0 ————— Marketing 4.0 →

    [Término da    [Estabilidade              Linha do tempo
    Segunda         do consumo
    Guerra          e menor
    Mundial]        crescimento
                    econômico]

              [Início do processo
               de informatização]

                    [Expansão para mercados internacionais]

    AMBIENTES:        Ambientes disruptivos    Ambientes
                                                exponenciais

    Consumidores (público externo) e profissionais (público interno):

    [Tradicionais] [Baby boomers] [Geração X] [Geração Y] [Geração Z] [Geração alpha]
```

Figura 7.3 Visão panorâmica da evolução do *marketing* diante das variáveis macroambientais. Fonte: Kuazaqui (2021).

DADOS E A ECONOMIA DA EXPERIÊNCIA

Experiências são acontecimentos que podem ser positivos ou negativos, dependendo da forma como são aplicadas, bem como da percepção de quem participa do processo. Tem relação com práticas e vivências pessoais e de grupo, que permite perceber o ambiente onde as pessoas estão inseridas e atribuir um juízo de valor. Pine II e Gilmore (1988) afirmaram que se trata da empresa em criar experiências para o consumidor, para manterem sua posição competitiva. Schulze (2005) afirma que as pessoas necessitam experimentar sua vida da melhor forma possível e daí agir de maneira diferente a partir de suas percepções. Por outro lado, consumidores têm uma vasta lista de opções de produtos e serviços e experiências positivas podem constituir-se como formas de motivar e engajá-los ao consumo e indicações.

Empresas criam experiências na jornada de compra do consumidor, aproximando-os e garantindo a fidelização de sua carteira de clientes. Essa criação envolve a utilização de bases de dados relevantes de mercado e principalmente do consumidor, o que necessitam, desejam, pesquisam para atender suas necessidades, os diferentes papéis que desempenham e como interagem com as diferentes marcas. E satisfação ao final de todo o processo.

A Netflix sustenta sua estratégia de atendimento por meio de algoritmos específicos direcionados para grupos específicos de consumidores, de acordo com suas características. Outro exemplo é referente ao Nubank, que se esforça para impressionar seus consumidores, inclusive com os "momentos *wow*" vindos dos vendedores, criando conexões substanciais com o compartilhamento de histórias com seus clientes.

Experiências passam a fazer parte obrigatória do pensamento estratégico das organizações, diferenciando e posicionando positivamente empresas, negócios, marcas, produtos, serviços e até pessoas.

FUNIL DE *MARKETING* E/OU VENDAS

Trata-se de um modelo, análogo ao da Teoria do Comportamento do Consumidor, porém muito mais amplo. Representa a Jornada do Consumidor influenciado pela audiência, desde o primeiro contato com a empresa até o momento da compra e pós-venda. Considera-se contato qualquer momento em que um consumidor entra em contato com a marca, antes, durante e depois do processo de compra (Figura 7.4).

Quanto maior o contato positivo com a marca, melhor a possibilidade de seu reconhecimento e aquisição do que a empresa oferece. A partir desse modelo, a empresa pode desenvolver estratégias em seu planejamento estratégico, adequadas para cada etapa do funil onde estão seus consumidores. Nesse caso, a empresa pode ir monitorando o mercado e adequando as estratégias de acordo com os resultados auferidos.

Percebe-se a importância do monitoramento do ambiente, mercado e principalmente consumidores, traduzidos em dados. Com a diversificação de canais com o consumidor, derivados do ambiente digital, é possível a aplicação segmentada direcionada para públicos específicos e em diferentes etapas do funil. Metodologias como *Inbound Marketing* e *Contend Marketing* tornam mais prováveis o fechamento da venda.

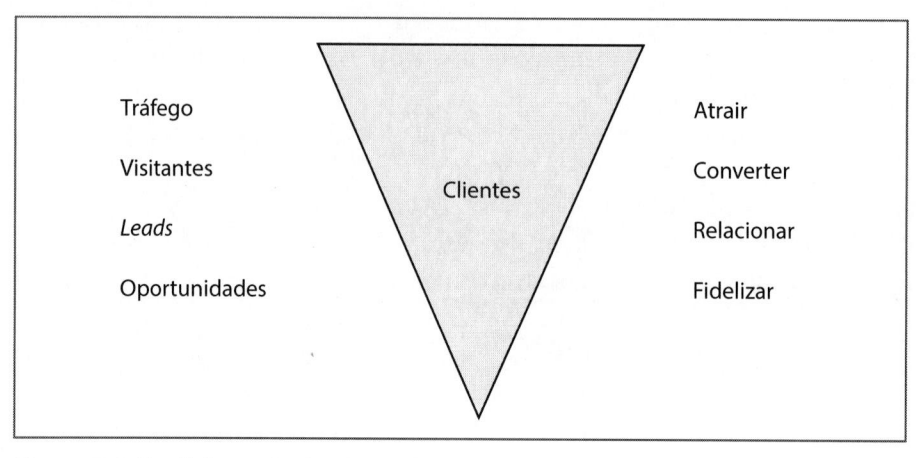

```
Tráfego                              Atrair

Visitantes                           Converter
              Clientes
Leads                                Relacionar

Oportunidades                        Fidelizar
```

Figura 7.4 Funil de *marketing*. Fonte: Kuazaqui (2021).

Simplificando, o topo do funil representa o mercado consumidor total, ainda não interessado e informado sobre o que a empresa está oferecendo. Nesse caso, os conteúdos devem ser informativos, gerando intenção e/ou mesmo curiosidade. Os esforços devem ser direcionados para obter grande alcance e audiência, de forma com que a empresa tenha um banco de dados passível de segmentação e classificação, inclusive com a possibilidade de consumidores que possam se tornar clientes como referências e que servirão como modelo e incentivo para outros consumidores.

O meio do funil representa a etapa em que é possível a qualificação do público, identificando e transformando os interessados iniciais em *leads*, que são clientes potenciais que a empresa pode ter em sua carteira de clientes. Podem ser categorizados de acordo com sua capacidade de consumo. Geralmente, são bons *leads* aqueles que têm volume e frequência de compra, onde a empresa deve oferecer maior atenção para a fidelização. Por outro lado, temos aqueles que necessitam de maiores recursos e esforços, nem sempre compatíveis com a necessidade de resultados da empresa, o que permite, considerando as duas categorias, uma gestão assertiva da carteira de clientes. Nesse caso, deve-se considerar a rentabilidade dos clientes.

O fundo do funil representa a etapa da conversão, em que o convencimento deve residir no que a empresa oferece, onde deve ser a decisão correta para o consumidor. Essa etapa não é de responsabilidade somente da área de vendas, mas também da de *marketing* e por que não afirmar de toda a empresa? Esse convencimento pode ser reforçado por ações promocionais, inclusive experimentação, políticas de descontos, entre outras ações de curto prazo. Concluindo, o funil de *marketing* e/ou de vendas permite à empresa identificar seus consumidores e criar estratégias mais direcionadas e com melhores resultados.

FERRAMENTAS E ESTRATÉGIAS DE *MARKETING*

As ferramentas de *marketing* são comumente denominadas como *marketing mix* ou 4 P's, cuja seleção e intensidade dependem dos objetivos e metas da empresa. Os tradicionais 4 P's – Produto, Praça, Promoção e Preço – foram criados por McCarthy (1978) e popularizados por Philip Kotler. Lovelock e Wirtz (2006) desenvolveram o portfólio relacionado ao *marketing mix* de serviços (os 8 P´s), o qual desenvolveremos com mais detalhes, pois na atualidade é evidente a importância dos serviços na economia global (Figura 7.5). Por outro lado, é estratégico desenvolver, por exemplo, um produto físico e esse ter um conjunto de serviços agregados. Serviços podem ser enquadrados em duas grandes categorias:

a) **Serviços como unidades econômicas**, criados e desenvolvidos para atenderem necessidades específicas do mercado, como os serviços de barbearia, tecnologia, educação, entre outros. São autônomos quanto à sua existência e funcionalidade, não derivando de outros produtos e serviços para serem oferecidos ao mercado.
b) **Serviços agregados**, oferecidos para incorporar a proposta de valor de um produto/serviço principal, como os serviços de pintura em uma montadora de automóveis; podem ser necessários para diferenciar de concorrentes, como o atendimento personalizado de uma instituição financeira; finalmente, podem-se agregar serviços no decorrer da vida útil comercial de um produto, estendendo o ciclo de vida do produto (CV).

```
     Pessoa jurídica  →  Portfólio de Marketing  →  Pessoa física
                         Produto e Serviços
                         Praça
                         Promoção
                         Pessoas
                         Processos
                         Produtividade e qualidade
                         Evidências físicas
                         Preço
```

Figura 7.5 *Marketing mix*. Fonte: Kuazaqui (2021).

Quadro 7.3 Descrição das ferramentas de *marketing mix* de serviços.

Ferramentas	Descrição	Aplicação
Produto e/ou serviço	Tudo aquilo que pode ser oferecido para o mercado para atender um desejo, necessidade ou resolver um problema do consumidor. Pode ser um produto (tangível), serviços, causas e ideias (intangíveis)	Vai depender da qualidade percebida em face dos atributos valorizados pelo consumidor. Pode derivar de produtos de massa até aqueles com maior grau de sofisticação. E também do portfolio de produtos e serviços a serem ofertados ao mercado
Praça	Canais de distribuição (e comunicação) física, de forma a facilitar o processo de troca entre empresa e consumidor. Envolve todo o processo de logística interna e externa, dos fornecedores de matéria-prima e serviços até o consumidor final	Depende das características do produto, onde a empresa pode utilizar as estratégias de distribuição intensiva, seletiva ou exclusiva, tudo para tornar disponível e atrativo ao consumidor final
Promoção	Formas e meios de comunicação entre a empresa e o mercado consumidor. É um portfólio de ferramentas constituído por Propaganda, Publicidade, Relações Públicas, Promoção de Vendas e Venda Pessoal	As estratégias derivam da necessidade de exposição para gerar demanda primária (1ª compra), recompra (2ª compra) e lembrança de marca e/ou posicionamento estratégico
Pessoas	Ativos humanos que desempenham importante papel na geração de ideias e realização de projetos. Um dos principais recursos estratégicos da empresa	O desafio é motivar, empreender e principalmente engajar os colaboradores e talentos humanos na geração de ideias criativas e inovadoras
Processos	Etapas e partes que devem ser desenvolvidas para atingir determinado tipo de objetivo	Devem permitir que a empresa desenvolva suas atividades com o mínimo esforço e o máximo de qualidade, em que o objetivo é a entrega de algo de valor
Palpabilidade (evidências físicas)	Principalmente realizada para a tentativa de materialização de serviços, que são intangíveis	A materialização deve ser incorporada aos serviços, que são ativos intangíveis para fortalecer a percepção de qualidade do consumidor, bem como de produtos, que devem apresentar evidências físicas compatíveis

Ferramentas	Descrição	Aplicação
Produtividade	Capacidade da empresa em gerar resultados a partir da adoção das melhores práticas	Em produtos, significa obter a sinergia e a economia de escala, em que quanto maior a quantidade produzida, menor o custo unitário. Em serviços, significa a incorporação da motivação e engajamento, solidificando a proposta de valor
Preço	Valor do investimento monetário que o consumidor estará disposto a desembolsar para ter a oportunidade de adquirir e consumir o produto	Depende das características do mercado, produto e empresa, onde as estratégias podem derivar para o *premium* (preço alto – desnatamento) até o de penetração (preço baixo – piso)

Fonte: Kuazaqui (2021).

Um ponto fundamental é a quebra de paradigmas quanto à posse física do produto. Com as mudanças comportamentais das gerações, em especial das Z e *alpha*, estão optando por não ter a posse física e sim pelo uso compartilhado. Um bom exemplo dessa realidade está na indústria automobilística, onde existe a tendência da diminuição da aquisição de automóveis por consumidores pessoa física, pela prática do uso de aplicativos de mobilidade urbana. Dessa forma, existe um reposicionamento gradual da indústria automobilística, de BtoC para o BtoB.

A distribuição e a logística física sempre foram grandes desafios para as empresas. É nela que residem esforços e custos que influenciam nos resultados dos negócios das empresas e principalmente na satisfação do consumidor. Existem produtos, como livros, que são oferecidos de forma física, impressos, bem como *e-book* ou mesmo *on demand*, em que a impressão é personalizada a partir da solicitação do leitor. As impressoras 3D permitem a produção de peças e componentes *in loco*. E não existe esforços dispendidos na distribuição física.

ESPECIAL: PRODUTOS VIRTUAIS E NÃO FÍSICOS

Uma das ferramentas de *marketing* que pode gerar mais custos é a distribuição, pois envolve a distribuição física e logística. Contemporaneamente, é um dos últimos redutos onde as empresas podem ainda reduzir custos. Temos o *e-commerce* como extensão natural e/ou substituição dos canais de venda física de uma empresa. Podemos categorizar excluindo os pro-

> dutos que podem ser comercializados na *internet*, aqueles criados especialmente para ambientes digitais. Dessa forma, temos os livros físicos, que requerem uma estrutura industrial (gráfica) para a produção, impressão e comercialização por meio da distribuição e loja física. Por outro lado, temos os *e-books*, desenvolvidos essencialmente para serem comercializados e consumidos digitalmente, o que, na prática, elimina etapas do processo anterior, como a distribuição física.
>
> Por outro lado, temos os serviços desenvolvidos a partir das possibilidades digitais. Um exame admissional e demissional, bem como consultas e atendimentos psicológicos podem ser realizados a distância, por meio de plataformas específicas.
>
> Com todas essas inovações, os meios de pagamento também devem se adequar a essa realidade. O Bitcoin trata-se de um arquivo digital *on-line* como uma moeda criada por um *mining* (que é um processo computacional complexo) que facilita as relações de troca e troca de valores.

As estratégias de *marketing* derivam de:

Consumidor – onde a empresa deve conhecer o perfil quantitativo (potencial de mercado – quantos?) e perfil qualitativo dos aptos a consumir. O perfil do mercado deve sofrer uma segmentação de mercado eficaz, para atender de forma focada cada grupo de consumidores.

Empresa – onde os atributos valorizados pelo consumidor são importantes para nortear as ações para o mercado. As estratégias dependem das características do mercado e dos concorrentes, de recursos disponíveis e como a empresa interpreta e analisa de forma particular cada situação.

Os termos produtividade e eficiência derivaram dos conceitos de produção e posteriormente para a gestão de pessoas, para entregar mais por menos. No *marketing* de serviços, temos esses dois termos como essenciais, além das aplicações nas áreas já mencionadas, como forma de aumentar a proposta de valor, dentro de custos planejados e gerenciados. Na prática, estão relacionados na gestão de processos produtivos, que resultam em custos mais equilibrados e, dessa forma, a perpetualidade da entrega de valor. Importante ressaltar que esses termos não se restringem somente ao ambiente interno das empresas, mas todos aqueles *stakeholders* que estão envolvidos no processo dessa entrega de valor. Podem-se integrar esforços internos e externos, de forma a agilizar a distribuição física e a entrega dos clientes, bem como a empresa gerar interesse e motivação do público externo à empresa pelo desenvolvimento de causas sociais, ações filantrópicas e de responsabilidade social e sustentabilidade ambiental.

Cada vez mais o *marketing* tem influenciado a sociedade e as empresas com essa percepção desenvolvem estratégias para se diferenciarem e se posicionarem no mercado. Dessa forma, torna-se um verdadeiro desafio a utilização assertiva das ferramentas de *marketing* em diferentes intensidades. Em pesquisa realizada pelo autor deste capítulo, os gestores de empresas entendem a necessidade de utilizarem as estratégias tradicionais, disruptivas e digitais para obter o melhor resultado nos negócios, porém a grande dúvida reside em quais estratégias e em que intensidades devem ser utilizadas para obter o sucesso em negócios.

ATL e BTL

As ferramentas de *marketing* categorizadas como *Above the Line* (ATL) e *Below the Line* (BTL), onde a empresa, a partir de seus objetivos e metas estratégicas, adequa a intensidade de suas estratégias de forma a obter a melhor relação custo-benefício (Figura 7.6).

***Above the Line* (ATL)** – relacionado à aplicação das ferramentas em mídias tradicionais, como os meios impresso e eletrônico. Envolve as propagandas em televisão, revistas, rádio, cinema, *banner* e *outdoors*, por exemplo. Geralmente está associado à exposição que visa às massas, de forma a informar e reforçar a empresa, imagem, posicionamento, marca, produtos e serviços. Apresenta uma curva de experiência adquirida no decorrer dos anos.

***Below the Line* (BTL)** – ligado aos meios não tradicionais de comunicação, para focar de forma mais segmentada o processo de comunicação e contatos com o consumidor. Pode estar relacionado com relações públicas, *marketing*

ATL Televisão, Jornais, Revistas, Cinema, *Outdoor* etc.

BTL Relações públicas, Redes sociais, *Marketing* direto etc.

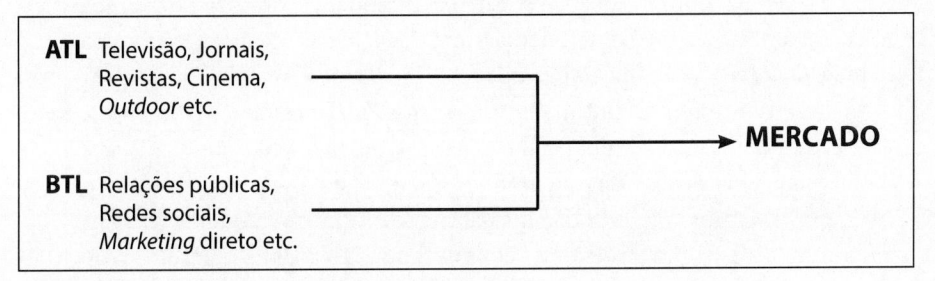

→ **MERCADO**

Figura 7.6 ATL e BTL. Fonte: Kuazaqui (2021).

direto, redes sociais e outras que visam aumentar o nível de relacionamentos com a carteira de clientes.

As ações de BTL estão mais representadas com a construção de relacionamentos mais profundos, de forma mais segmentada. Podem ser exemplificadas a partir de ferramentas de relações públicas, por meio de seus *press releases*, eventos, *marketing* direto, entre outras ações.

Pode-se afirmar que as ações de ATL direcionam a orientação para as grandes massas e as ações de BTL focam seus esforços para a concretização do processo de *marketing* e resulte em vendas. Os meios tradicionais já possuem estudos e análises sobre as aplicações e resultados, resultando em uma curva de experiência. Os meios digitais ainda não possuem um longo histórico, implicando um empirismo nas aplicações. As empresas reservam seu *budget* nas duas categorias de meios, porém em grande parte utilizando as métricas tradicionais.

Os meios digitais e o *marketing* de conteúdo

A incorporação dos meios e formas digitais propiciou, em um primeiro momento, alternativas interessantes de comunicação. De outra maneira, esse lado é ainda inexplorado em relação as suas alternativas, possibilidades e métricas. Como exemplo, há alguns anos uma forma praticada de medir o resultado de uma campanha estava relacionada ao número de curtidas, mas que na prática não significava resultado significativo e final de consumo. Atualmente, uma forma mais completa está no nível de **engajamento, que reside na intensidade de compartilhamento.**

ESPECIAL: CONTEÚDOS DIGITAIS QUE FAZEM A DIFERENÇA

Um dos pontos essenciais é a comunicação. E no *marketing* digital não é diferente, onde as gerações de interesse e atratividade são importantes para o desenvolvimento de negócios. Então, dependendo do tipo de público que se deseja atingir, é fundamental uma imagem e título que gerem certo nível de interesse e uma leitura inicial. Não estamos considerando a provocação do diretor Quentin Tarantino em seu *The Hateful Eight*, com a abertura demorada somente para mostrar a qualidade de câmera. Esse é diferente, pois as pessoas procuram e até suportam as excentricidades do diretor. Estamos tratando da situação onde estamos navegando virtualmente e o algoritmo da rede nos conduz à publicação. Nesse caso, tem de ser igual a uma ótima melodia, que fica insistentemente em nosso cérebro.

> Muitos pretendem convencer as pessoas sobre as qualidades técnicas e as descrevem em extenso texto sobre seus diferenciais e se esquecem que nem sempre as pessoas têm tempo e paciência para ler, por vezes, o óbvio. Nesse caso, simples palavras e termos são necessários para justificar tais diferenciais. Portanto, não é afirmando que o que a empresa oferece tem qualidade, mas sim que atributos valorizados pelos consumidores serão atendidos. Depois disso, após a identificação da leitura, realize promessas que pode cumprir. Já experienciei um "pronto atendimento" e ser atendido somente dois dias depois e a empresa afirmando que estava ocupada e não tinha tempo. Finalmente, o compartilhamento é uma das comprovações de que os conteúdos deram certo. Por essas inquietações resolvemos provocar, orientar e contribuir para os interessados.
>
> **Que seu anúncio permaneça nas mentes de seu público-alvo por muito tempo.**

Dessa forma, o *marketing* de conteúdo consiste em criar, desenvolver e inserir conteúdos *on-line* de qualidade, relevantes e significativos, para fazer com que o internauta se interesse pela leitura dos conteúdos, expresse sua opinião, compartilhe e tenha grande interesse pela aquisição do que é comercializado. Esse tipo de *marketing* é uma das partes para obter o engajamento, que passa pelos objetivos de informar, educar, entreter, criar empatia, perpetuando o vínculo cognitivo de confiança na marca.

Geralmente quando nos referimos ao assunto, prestamos muita atenção ao texto e às imagens. Comparativamente a uma estrutura tradicional de uma agência de publicidade e propaganda, temos as funções do redator publicitário, responsável pelos textos das campanhas, bem como a área de criação, responsável pelas peças. Mas não se resume somente a esses dois formatos, embora sejam essenciais para que a comunicação se realize de forma eficaz e efetiva.

Lettering

A comunicação humana sempre se concentrou na fala e na escrita, equilibrando por vezes a linguagem necessária escrita (para não se estender na comunicação não verbal/corporal) e a arte. Desse equilíbrio a mensagem poderá ser absorvida com melhores resultados. O *lettering* trata-se de uma modalidade de expressão gráfica, utilizando de forma "artística" o formato das letras e suas combinações e sem as restrições e limitações técnicas e operacionais gráficas. Como resultado, temos o equilíbrio entre a necessidade de expressão necessária em face dos interesses do público-alvo. Acesse um exemplo pelo QR Code na figura 7.7.

Figura 7.7 Logo da Netflix. Fonte: Netflix. Brand Assets (2021).

Destaca-se a importância da tecnologia com o *lettering*, que inclui também a composição e a combinação de cores. Muitas das preocupações residem no fato de que os cuidados se referem ao texto e às imagens, mas não às letras que compõem e que podem incorporar valiosos elementos de comunicação, independentemente do país e idiomas. A tecnologia permite a pesquisa de modelos que podem servir como base para as criações das letras e, consequentemente, fazer parte da retórica argumentativa da campanha.

ESPECIAL: O QUE VEM DEPOIS DO *MARKETING* DIGITAL?

Quando falávamos em *marketing* internacional, era comum compará-lo com o *marketing* normal, atribuindo diferenças e desafios. Hoje, tudo é *marketing* internacional, pois envolve a utilização de suas ferramentas em mercados globalizados. Podemos afirmar que no *marketing* digital ocorre a mesma situação. Embora estamos, no País, um tanto que atrasados quanto à utilização das ferramentas, é perceptível notar que dificilmente uma empresa, negócio ou consumidor não tenha algum tipo de relacionamento com as ferramentas disponíveis. Estar fora do contexto é uma situação, o que pode significar a perda de competitividade, mas não negar as influências sobre a vida das pessoas. Então, em vez de jargões onde se apregoa a importância do *marketing* digital, devemos entender suas ferramentas e aplicações essenciais para qualquer negócio. Não estamos mais vendendo a ideia de que esse tipo de *marketing* é a solução salvadora para todos os problemas decorrentes da falta de gestão da empresa e de seus negócios, bem como produtos e serviços que não atendam satisfatoriamente as necessidades e carências do mercado. Estamos afirmando que, para que uma empresa atenda suas metas e propósitos econômicos e sociais, os profissionais devem ser hábeis nas suas estratégias. Dessa forma, o mundo já

> está em um período em que as grandes movimentações já ocorreram, sendo considerado um mundo pós-transformação digital. São aí que estão centrados estes *insights*. Deixar de lado o empirismo e os achismos e partir uma para uma visão e norteamento racional e, ao mesmo tempo, dinâmico e disruptivo. A tecnologia presta muito para suprir essas necessidades corporativas, pois trabalha com dados, que são importantes fontes de referência de negócios. Por outro lado, esses dados permitem com que as empresas possam ousar, dentro dos limites possíveis, em ações inovadoras cada vez mais contundentes, capazes de mudar a cadeia de eventos preconizados no planejamento estratégico. Não devemos nos preparar para os desafios do futuro, pois esse já é nosso presente. Hoje, cada vez mais, consumidores têm o poder de escolha e é de responsabilidade da empresa em ser sua opção preferencial, tornando a jornada do consumidor uma experiência única e positiva, tendo como retorno uma marca de valor, cobiçada pelo mercado. E um dos principais indicadores de qualidade, para qualquer empresa, é quando os consumidos retornam para adquirir mais produtos, serviços e soluções.

CONCLUSÕES

O *marketing* tem evoluído de acordo com as mudanças e transformações do ambiente onde a empresa está inserida e em especial o consumidor. Dessa realidade, essa evolução foi caracterizada por meio da evolução dos conceitos de *marketing*, do tradicional até o *Marketing* 4.0. Para bem atender os desejos e as necessidades, bem como os problemas do consumidor, a empresa deve, por meios da pesquisa de mercado quantitativa e qualitativa, desenvolver o melhor portfólio de negócios, devidamente representado pelo *marketing mix*, constituído por oito ferramentas que, em conjunto, traduzem a proposta de valor e o nível de satisfação do consumidor.

O grande desafio é oferecer ao mercado uma proposta de soluções competitivas e que criem relacionamentos duradouros com a carteira de clientes da empresa, que contribuam significativamente para a sociedade, empresa e o bem-estar comum. Outro grande desafio é adequar seus esforços e estratégias para as grandes mudanças e transformações que estão ocorrendo no mundo: desde o aprofundamento da tecnologia, ambientes disruptivos e exponenciais. Mas é responsabilidade do *marketing* adequar, adaptar e contribuir de forma significativa com que essas ações ocorram com os melhores resultados.

Muito se tem falado sobre a Indústria 4.0, importante conceito contemporâneo que surgiu na Alemanha, berço da mecanização e automação. Esse conceito se espalhou pelo mundo, incorporando práticas e procedimentos nas indústrias.

Devido a minha formação em *marketing*, faço um contraponto entre a indústria e o *marketing*. O *marketing*, como conhecemos, passou por inúmeras mudanças, transformações e evoluções, sendo sempre o reflexo do mercado para atender as necessidades, desejos e anseios dos consumidores.

Passou de um conceito evolutivo de *Marketing* 1.0 (produção e vendas), *Marketing* 2.0 (consumidor), *Marketing* 3.0 (pessoas e espiritualidade) e *Marketing* 4.0 (digital). O foco no consumidor vigora até os dias de hoje; pessoas e espiritualidade enfoca a importância e incorporação de pessoas como ferramentas importantes de *Marketing* 4.0 nas tecnologias. Mas sempre de olho no mercado, ou seja, uma visão do mercado para a empresa.

O conceito de Indústria 4.0 pode estar relacionado em muito a uma visão de dentro para fora da empresa, para otimizar processos, custos e agilizar a produção. O que não é negativo, pois está relacionado à competitividade necessária.

O contraponto é que algumas empresas adotam os conceitos da indústria 4.0 para suprir suas necessidades como empresa e não a do consumidor, como por exemplo a simples redução de custos e/ou a incorporação equivocada de ferramentas mecanizadas e informatizadas. DAR O EXEMPLO.

Por outro lado, a tecnologia 3D pode dar o suporte para projetos e oferecer moradias a preços sociais. Dessa forma, não se constituiu em crítica negativa, mas em espécie de aconselhamento e orientação de como a indústria 4.0 pode contribuir para o *marketing* e, consequentemente, com a sociedade.

E qual é uma das recomendações? Utilizando os conceitos de *marketing* na incorporação de colaboradores e talentos internos como verdadeiras ferramentas de *marketing*, com habilidades e principalmente competências que visem equilibrar as possíveis ações decorrentes da má utilização das ferramentas e instrumentos disponibilizados pela Indústria 4.0, o *marketing* e mercado, de forma a obter o desenvolvimento e sucesso econômico e social.

▪ QUESTÕES SOBRE O CAPÍTULO

1. Qual a importância da Tecnologia da Informação (TI) para a empresa?
2. Como as ações da empresa interferem no sistema de valor da empresa/negócio/setor?
3. Qual a importância/relevância da empresa em investir em *startups*?
4. Qual a relação entre os produtos tangíveis que a empresa comercializa com as ideias apresentadas no estudo de caso?
5. O que você entendeu por "comportamentos e ações estratégicas que transformam as formas de ser, pensar e agir em negócios"?

■ ESTUDO DE CASO – PEQUENOS NEGÓCIOS E A PROPOSTA DE VALOR

Empresas movem a economia. No Brasil, boa parte da parcela das empresas se constitui como pequenos negócios, denominação comum internacionalmente, uma vez que no País tem outras categorizações denominadas como micro, pequenas, médias e grandes empresas, de acordo com o faturamento e a quantidade de funcionários. Parte-se da premissa de que pequenos negócios não possuem os recursos disponíveis, incluindo os econômicos, financeiros e tecnológicos e, consequentemente, sem a capacidade de articulação estratégica equivalente às empresas com melhores recursos disponíveis. O que não as impede de criar e desenvolver ações que visem ao desenvolvimento de seus negócios.

Especialmente, a tecnologia não é restrita somente para empresas com maiores recursos, tornando necessário que elas, independente do porte, identifiquem suas necessidades e respectivas limitações. Dessa forma, pequenos negócios possuem a necessidade de conectividade, ou seja, a integração com os meios digitais. O ambiente digital oferece uma série de opções de busca, bem como ferramenta de publicidade, como o *Google Ads*. Um dos passos iniciais é o conhecimento dos consumidores pelas empresas. Geralmente, pequenos negócios atuam de forma mais localizada, atendendo dentro de uma área geográfica limitada, o que de um lado é positivo, pois parte da premissa de que a empresa conhece seu mercado; por outro lado, pode ser um ponto de deficiência se não bem considerada, pois pode não ter a demanda e escalabilidade necessárias.

Conhecendo o mercado, como acessá-lo e talvez passar pelas etapas do funil de *marketing* e/ou de vendas? Conhecendo seus consumidores, a empresa pode optar pelas redes sociais, com um *marketing* de conteúdo adequado e de acordo com as capacidades da empresa. Em pesquisa realizada pelos autores, o distanciamento social derivado da pandemia ocasionada pela COVID-19 ressaltou as características e principalmente as deficiências dos pequenos negócios.

Pequenos negócios são consequências, por vezes, da obstinação de seus empreendedores, que não limitam esforços para concretizar seus sonhos e materializar os resultados, desconsiderando, por vezes, as práticas de gestão relacionadas a produção, *marketing*, finanças e contabilidade, por exemplo. Tudo ocorrendo em cenários normais. Com o distanciamento, empresas reduziram seu faturamento e procuraram opções/alternativas de sobreviverem no mercado. E uma das opções emergenciais foi a migração para o ambiente digital sem, contudo, terem a experiência necessária para atuarem de forma equilibrada.

A tecnologia não pode ser opção emergencial e situacional sem uma análise mais profunda que alicerce o processo decisório. O resultado da utilização dos meios digitais pelos pequenos negócios não pode ser considerado um sucesso completo, pois não gerou negócios. Entre os diferentes problemas, evidenciou conteúdos não apropriados, públicos não segmentados e esforços e recursos não compatíveis com as necessidades que cada empresa tinha.

▪ QUESTÕES SOBRE O ESTUDO DE CASO

1. A tecnologia pode ser utilizada por qualquer porte/tipo de empresas?
2. Que aconselhamentos você prestaria para os gestores de pequenos negócios que desejam ingressar no ambiente digital?
3. Que cuidados os gestores de pequenos negócios devem se atentar para introduzir com sucesso as ferramentas digitais nas suas empresas?
4. Como garantir a qualidade do que a empresa oferece ao seu mercado?
5. Como a empresa pode sustentar sua proposta de valor utilizando as ferramentas digitais disponíveis?

REFERÊNCIAS

American Marketing Association (AMA). https://www.ama.org/AboutAMA/Pages/Definition-of-Marketing.aspx. Acesso em 18/07/2018.

Anderson C. The long tail: Why the future of business is selling less of more. New York: Disney Hiperion; 2006.

BASF. BASF é reconhecida por suas iniciativas de transformação digital como startups. Disponível em: https://www.basf.com/br/pt/media/news-releases/2019/07/basf-e-reconhecida-por-suas-iniciativas-de-transformacao-digital.html. Acesso em 18/12/2019.

CISCO. Cisco Annual Internet Report. Disponível em: http://cisco.com, 09/03/2020. Acesso em 11/03/2020.

Boone LE, Kurtz DL. Marketing contemporâneo. São Paulo: Cengage Learning; 2008.

Exame. A corrida dos táxis. https://exame.abril.com.br/pme/a-corrida-dos-taxis-2/. Gabriel M. Marketing na era digital. 3ª ed. São Paulo: Novatec; 2012.

HSM Management. http://experience.hsm.com.br/entity/754575. Acesso em 10/12/2017.

Kotler P, Kartajaya H, Setiawan I. Marketing 3.0. Rio de Janeiro: Elsevier; 2010.

Kuazaqui E. Marketing internacional. Construindo e desenvolvendo competências em cenários globais. São Paulo: M. Books; 2007.

Kuazaqui E, Correa CB Jr, Teramoto C, Nakagawa MH. Marketing para ambientes disruptivos. São Paulo: Literare; 2017.

Levitt T. Marketing Myopia. New York: Harvard Business Review; 1960.

Lovelock C, Wirtz J. Marketing de serviços. Pessoas, tecnologia e resultados. 5ª ed. São Paulo: Prentice-Hall; 2006.

Maslow AH. Motivation and personality. 2ª ed. New York: Harper & Row; 1970.

McCarthy J. Basic marketing: a managerial approach. 6th ed. Homewood: Richard D. Irwin; 1978.

Meio e Mensagem. Quem tem medo do consumidor 4.0. http://www.meioemensagem.com.br/home/opiniao/2017/12/08/quem-tem-medo-do-consumidor-4-0.html. Acesso em 27/07/2018.

Morgado J. Criador do aplicativo 99Taxis conta a história de seu empreendimento. https://www.linkedin.com/pulse/criador-do-aplicativo-99taxis-conta-hist%C3%B3ria-de--seu-jorge-morgado/. Acesso em 26/07/2018.

Netflix. Netflix Media Center. https://media.netflix.com/pt_br/about-netflix. Acesso em 27/07/2018.

Netflix. Brand Assets. The elements of our brand´s visual idendity. Disponível em: https://brand.netflix.com/en/assets/. Acesso em 06/05/2021.

Pine II BJ, Gilmore JH. The experience economy: past, present and future. New York: Harvard Business Review; 1988.

Ramaswamy V, Ozcan K. O paradigma da cocriação. São Paulo: Atlas; 2014.

Schulze G. The experience society. London: Sage; 2005.

Vaynerchuk G. Detonando. Atraia dinheiro e influencia fortalecendo sua marca nas redes sociais. Alta Books; 2018.

Capítulo **8**

Quem Contará Esta História?

> *"Se você quiser construir um navio, não chame as pessoas para juntar madeira e trabalhar; ensine-as a desejar a imensidão infinita do oceano".*
> **Antoine de Saint-Exupéry (2018, p. 129)**

Objetivos deste capítulo:
- Conceituar e discutir os conhecimentos, habilidades e principalmente competências pessoais e profissionais.
- Discutir o portfólio para o profissional de *TECH*.
- Apresentar, de forma instrumental, como conquistar o portfólio de competências ideal para atender as diferentes demandas e desafios de mercado.
- Discutir e exercitar, por meio de estudos de casos, atividades e questões, os conteúdos propostos no capítulo.
- Recomendar ações para o desenvolvimento e a qualificação do profissional de *TECH*.
- Descrever as novas profissões, bem como apresentar *insights* sobre o *Techer*.

INTRODUÇÃO AO TEMA

A evolução da sociedade é o reflexo do desenvolvimento das empresas e principalmente de pessoas, que devem contribuir de forma decisiva e positiva para o bem-estar geral da comunidade onde convivem e de todos aqueles que têm apreço ou algum tipo de relacionamento. Nesse sentido, para as contribuições endógena e exógena, cada um deve ter um conjunto (portfólio) de conhecimentos, qualidades, habilidades e competências individuais que, em grupo, consigam de forma integrada atender as diferentes demandas de mercado, bem como criar e superar desafios pessoais e profissionais. A partir dessa premissa, a sociedade, constituída por pessoas e profissionais, tem sido reciclada, adaptada e por que não dizer transformada e inovada em cenários cada vez mais diferenciados e disruptivos. Se antigamente os desafios eram mais simples, esses se tornaram cada vez mais instigantes, complexos e nem sempre previsíveis aos profissionais. A evolução industrial e as premissas da Indústria 4.0, a realidade de mercados abertos internacionais, os ambientes disruptivos e digital traduzem a necessidade de que os profissionais tenham portfólios pessoal e profissional adequados, equilibrados, atualizados e inovadores, para suprir os inúmeros desafios desse cenário contemporâneo.

Estar e ser digital, principalmente, comprovam o exposto e sua importância. Este capítulo não pretende ser somente um recorte do mercado, uma fotografia estática, mas sim apresentar de forma conceitual e instrumental a nova realidade relacionada ao desenvolvimento do potencial humano diante da (R)evolução Digital, de forma que esse profissional possa criar, desenvolver e contribuir para o fortalecimento das relações interpessoais, o aprofundamento dos vínculos cognitivos de relacionamentos pessoais e estratégicos e, principalmente, ser o protagonista de um mundo melhor e parte importante dessa Revolução Transformadora.

Deixamos como provocação no final deste capítulo o perfil e *insights* sobre o *Techer*, profissional com um perfil diferenciado e inovador, devidamente preparado para superar os desafios e problemas contemporâneos, bem como encontrar as melhores respostas pessoais e corporativas.

PERFIS PESSOAL E PROFISSIONAL

Conforme observações dos autores deste livro, empresas contratam seus profissionais pelos seus conhecimentos e experiências técnicas e grande parte desses colaboradores internos são demitidos por questões comportamentais. Atividades profissionais devem ser consideradas relacionamentos pessoais e sociais que envolvem os participantes do ambiente de negócios. Dessa forma, o desenvolvimento do indivíduo depende de suas formações familiar, pessoal, social, acadêmica e profissional, caracterizando cada pessoa com seu tempero especial, seu DNA que o levará a ter posturas e atitudes que o diferenciará de outras pessoas, bem como os conhecimentos, as habilidades e as competências individuais e que devem ser potencializadas e integradas em grupo.

Conhecimentos, *soft skills*, habilidades e competências contemporâneas

Ninguém nasce sabendo, já dizia o dito popular. Conhecimentos são aprendidos de acordo com as experiências de vida e de conteúdos oferecidos. Mas vamos mais além: como as pessoas processam o que aprendem e transformam em ações.

Essa é uma das premissas básicas da construção do conhecimento. Como cada um interpreta a partir de sua visão de mundo e atua de acordo com as fases e desafios de suas vidas.

Pessoas podem ter habilidades, ou seja, saber fazer. Geralmente estão relacionadas às ações mecanicistas, processos e operações, como preencher planilhas, entre outros. *Soft skills* são as habilidades comportamentais subjetivas, nem sempre fáceis de serem mensuráveis, como criatividade, resiliência e inteligência emocional, que possuem, por vezes, origem endógena, ou seja, partem da vontade do indivíduo.

Hard skills são as habilidades técnicas, conhecimentos mais profundos, facilmente identificáveis de comprováveis, como um certificado de conclusão de curso ou mesmo uma proficiência documentada em língua estrangeira. Tem sua origem externa, exógena, ou seja, pode ser aprendida pelas pessoas em cursos e treinamentos, por exemplo.

Já as competências se referem à capacidade das pessoas em realizarem suas responsabilidades com sucesso. Geralmente estão relacionadas com resultados e, portanto, mais completas, em razão de alguns entenderem que é consequência das habilidades, *soft* e *hard skills*.

■ ESTUDO DE CASO (01): GOOGLE

Refletindo sobre o exposto, o Google é o *site* mais usado no mundo que oferece serviços de busca e pesquisas que permitem encontrar na *internet* qualquer tipo de assunto e/ou conteúdo em texto, incluindo fotos, imagens, mapas, e-mails, sistema operacional para celulares, computação em nuvem e notícias no mundo inteiro. O filme "Os Estagiários" descreve um pouco a cultura da empresa (Figura 8.1).

O lançamento do Google ocorreu em 15 de setembro de 1997 e, desde então, tem agregado uma série de serviços importantes para os internautas. Seu sucesso está diretamente relacionado, além de uma ideia inovadora para a época e de liderança até os dias de hoje, às boas práticas para atrair e desenvolver colaboradores e talentos humanos. Rosenberg e Schimidt (2016) indicam que a priorização da qualidade, simplificação de processos, contratação de executores e a criação de ambientes colaborativos, entre outras práticas, sustentam a empresa e sua necessidade estratégica de crescimento. O conceito de qualidade é muito relativo e a empresa acompanha a inserção de novos produtos por meio de constantes avaliações junto ao público e na comunicação boca a boca, em detrimentos aos investimentos tradicionais de *marketing*. A simplificação de processos é realizada de forma pragmática a partir de uma limitação na quantidade de colaboradores do organograma, possibilitando foco e uma gestão mais eficaz.

Figura 8.1 Google. Fonte: Levy (2013).

A contratação de executores, com a forma preferencialmente em análise de sistemas, engenharia e computação, no início da empresa, permitiu com que a empresa tivesse colaboradores que faziam as coisas acontecerem de forma técnica. Posteriormente, com a democratização e a variação da formação acadêmica, houve os desenvolvimentos criativo, versátil e comercial. Finalmente, a criação de ambientes colaborativos é uma quebra de paradigmas, de um modelo que privilegia o cargo para um outro que tem o objetivo da livre circulação de ideias, que potencializa a integração, sinergia e produtividade. Esse modo particular da gestão de pessoas da empresa é retratado no filme de Levy (2013), onde dois vendedores com as carreiras estagnadas encontram por meio de estágio no Google o local ideal para o desenvolvimento de suas habilidades e competências.

Influências da tecnologia

A Tecnologia da Informação (TI) democratizou os dados e informações e agora está deslocando e mudando as rotinas de trabalho, de muitas formas, como a coleta e registro sistemático dos processos a ações de empresas, interpretação e análise de mercado. Diante dessa realidade, os profissionais terão de aprender e a reaprender o mundo em que convivem, suas práticas, procedimentos, principalmente no contexto do ser humano.

As Instituições de Ensino Superior (IES) têm notável importância no processo de construção do conhecimento de seus alunos, para ensinar os conteúdos necessários, devidamente selecionados a partir de análise das carências e particularidades do segmento econômico, bem como até de aspectos e características regionais. O Ministério da Educação – MEC (2016) determina as Diretrizes Curriculares Nacionais referentes aos cursos de graduação na área de Conhecimento de Ciências Exatas e da Terra, que abrange os cursos de graduação superior em Ciência da Computação, destacando os de Sistemas de Informação. Esses cursos devem, em resumo, resultar dos egressos:

- O conhecimento e domínio dos sistemas computacionais e respectivas estruturas e processos.
- Agir de forma reflexiva para desenvolver projetos e construir sistemas computacionais, *softwares* e similares que contribuam para as empresas e sociedade.
- Conhecimentos quanto aos direitos e propriedades intelectuais referentes à produção e aos sistemas.
- Consideração sobre os aspectos e consequências econômicas, financeiras, mercadológicas e sociais, entre outros aspectos.

Em síntese, os cursos devem propiciar o pleno domínio dos fundamentos teóricos e práticas profissionais focados na área de conhecimento, convergentes com a área de Ciências Sociais Aplicadas, que possibilitem a atuação do profissional em ambientes corporativos, internacionais e com grandes mudanças e transformações.

A educação está relacionada ao processo de aprendizado do aluno, como ele interpreta o que foi ensinado e como deve ser aplicado. Educação é então diferente de ensino. E todo esse processo está diretamente relacionado a metodologias ativas aplicadas, desafios propiciados em sala de aula, empresa júnior, eventos e outras atividades que servem para consolidar o **conhecimento.**

O aprender está relacionado ao conjunto de conhecimentos que o indivíduo deve ter, e o reaprender, à seleção do que pode ser diferente ao que já é praticado. Se durante muito tempo o termo resiliência foi utilizado como a capacidade do indivíduo em se adaptar às situações, esse amplia o conceito, pois não trata a situação somente como uma capacidade endógena, mas também como competências endógena e exógena, passível de influências externas.

Dessa forma, o profissional que atua em TI deve ter, além dos conhecimentos sólidos e conteúdos referenciados pelo MEC, os conhecimentos de mercado necessários para poder construir a ponte entre teoria e prática empresarial e social. Nesse sentido, esse profissional deve ter as visões sistêmica, crítica, empreendedora e criativa, tudo de forma interdisciplinar, atuando para propiciar um **ambiente equilibrado de negócios que tenha como alicerce a tecnologia.**

Muitos assuntos como Inteligência Artificial (IA), Economia da Experiência, *Blockchain, Internet of Things* (IoT), transformação digital, *Analytics*, Neurociência, controle e confiabilidade de dados, por exemplo, ganham novas dimensões e aplicações a cada dia e, dessa forma, as empresas devem aprender como lidar com as múltiplas situações provenientes do ambiente onde estão inseridas e ser, preferencialmente, seu gerador de mudanças e transformações. Nesse aspecto, não devemos esquecer o ser humano que, além de dados e informações, deve ser o fomentador de conhecimentos e o protagonista central dessas mudanças e transformações.

Conforme Rifkin (1996), a automação ocasionou a perda de empregos (postos de trabalho formais), a necessidade de as empresas se tornarem mais competitivas diante de mercados cada vez mais globais e com a concorrência acirrada. Por outro lado, a computadorização, a informatização[1] e atualmente a TI e a pós-revolução digital tornaram o trabalho diferente daquele que conhecíamos sendo o ideal, não necessariamente o correto. Se antes eram necessárias inúmeras pessoas para executarem processos, na atualidade a informatização reduziu a necessidade de excessos operacionais e tornou as empresas mais focadas, com melhor controle e competitivas.

Trabalho e emprego são dois termos distintos. Trabalho é toda atividade humana e emprego está diretamente relacionado à sua formalização econômica. Pessoas podem usufruir de sua agricultura familiar, em que seus frutos são direcionados para consumo próprio. Quanto aos relacionamentos com atividades que envolvem a comercialização, devemos nos atentar a direitos, deveres e responsabilidades entre os envolvidos. Trabalho sempre fará parte das atividades humanas. Já o emprego vai se ajustando de acordo com as mudanças e transformações da sociedade, influenciando as relações contratuais e normas trabalhistas. Reflete, em cargos e funções, as necessidades do ambiente corporativo e a comprovação está nas novas profissões que serão desenvolvidas ainda no final deste capítulo.

Geus (1999) afirma que as empresas longevas são aquelas sensíveis ao ambiente onde desenvolvem suas atividades com base em seus conhecimentos com as respectivas inovações tecnológicas, conservadorismo financeiro, bem como no uso de recursos naturais e respeito ao meio ambiente. As mudanças e as transformações externas modelam futuras ações das empresas e o importante é a empresa perceber esse fenômeno e mudar antes do necessário.

---

[1] Os dois termos – computadorização e a informatização – foram amplamente utilizados no Brasil, evidenciando como se procedeu a evolução da tecnologia, culminando na atual linha da TI.

Curioso comentar que a TI atende tanto às necessidades de crescimento organizacional, da melhoria de seus processos e estratégias, como o respeito ao meio ambiente, seja pela popularização de energias renováveis e de práticas politicamente corretas, seja no *agribusiness* a partir de pesquisas e ações da Embrapa (Kuazaqui, 2018).

O protagonismo central parte da ideia do *accountability* (Bustin, 2014), em que consiste na mentalidade com que as pessoas tenham autonomia e senso de propriedade, que descentraliza o poder e as decisões, potencializando os resultados a partir do engajamento individual e da equipe. Nesse caso, a contribuição e a colaboração são inúmeras, remetendo a ideia de empresas que possuem um processo empreendedor, criativo e inovador.

Esse conceito pode ser um desdobramento de ações como as preconizadas pelo *empowerment* e *employeeship*. *Empowerment* é a capacidade aplicada no ambiente empresarial, onde as pessoas têm que delegar responsabilidades e descentralizar o poder para assumirem novas realidades e desafios, o que significa, em outras palavras, o rever da estrutura formal orgânica e seus cargos e funções (Figura 8.2).

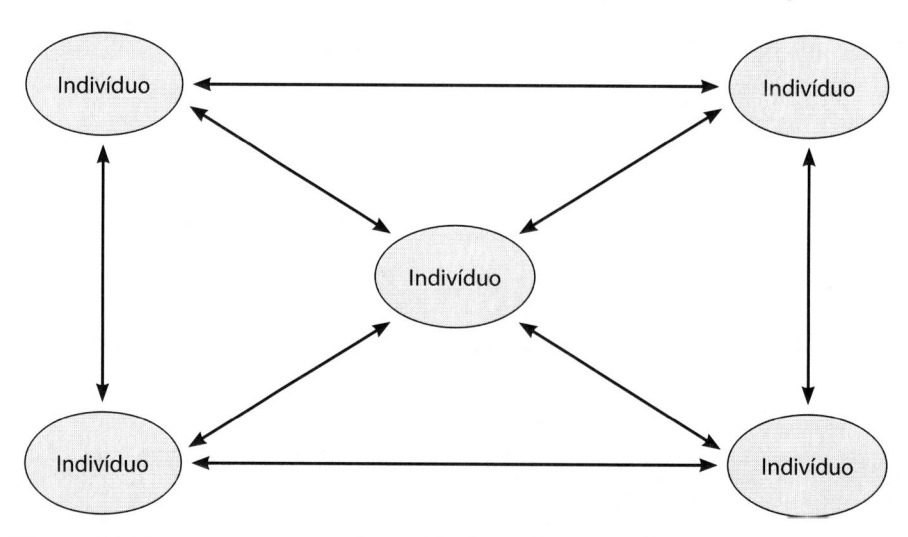

Figura 8.2 *Empowerment* e *employeeship*. Fonte: Kuazaqui (2021).

Por outro lado, o *employeeship* reside na capacidade das pessoas em receber e assumir as novas responsabilidades, para facilitar e ampliar sua carreira, de forma a ascender no meio onde convive. Em síntese, suas ações traduzem na possibilidade com que a empresa possa se desenvolver a partir da proatividade de seus componentes, favorecendo o protagonismo de cada um e também do próprio grupo.

> *"Uma equipe de projeto é um grupo de indivíduos que trabalha de forma interdependente para alcançar o objetivo do projeto. Trabalho em equipe é o esforço cooperativo dos membros de uma equipe para alcançar esta meta em comum"*
> **(Clements e Guido, 2015; p. 338).**

Os benefícios não estão restritos somente à questão do poder e de responsabilidades, mas também como a construção e desenvolvimento de conhecimentos e práticas devem acontecer a partir dessa descentralização, uma vez que o assumir não significa simplesmente fazer igual, mas ter conhecimentos e competências necessários para fazer diferente e melhor, contribuindo para os resultados de negócios.

LETRAMENTO DIGITAL

Nem todos têm acesso, conhecimentos, aptidões e afinidades com o mundo digital. Mas todos, de alguma forma, são influenciados pelas tecnologias e o ambiente digital. Então, o letramento digital não se restringe somente à leitura e às operações básicas nesse ambiente, como se teoriza, mas também consiste no aprendizado e domínio das capacidades e habilidades para acessar e interagir com as diferentes ferramentas do ambiente digital, de forma a, em um primeiro momento, usufruir de seus usos e benefícios e, a partir do seu aprendizado, o desenvolvimento de habilidades e competências humanas e profissionais que o destaquem dos outros profissionais.

Nem todas as áreas de uma empresa necessitam da alta intensidade de tecnologia para o desenvolvimento de seus negócios. Entretanto, pode haver uma miopia em relação ao que é feito e o que poderia ser realizado de forma melhor. O *agribusiness*, conforme comentado, é um exemplo, em que o monitoramento de áreas agrícolas, antes verificadas por pessoas, atualmente são monitoradas por drones e sofisticados *softwares* e programas de controle e avaliação, que substituem com qualidade e produtividade as atividades operacionais envolvidas.

Então, o letramento digital não é somente um item a ser desenvolvido no treinamento das empresas, mas a capacitação e a compreensão de como a tecnologia e as novas ferramentas digitais podem ser incorporadas para que os processos se tornem mais direcionados ao cliente, com maior produtividade e economia para a empresa e seus negócios. E estar fora ou mesmo distante dessa realidade pode ser uma forma de exclusão ou mesmo do distanciamento de seus mercados. Finalmente, é aconselhável a formação acadêmica, principalmente aquela relacionada ao ensino superior, levando-se em consideração, entretanto, uma revisão estrutural de cursos, bem como da revisão curricular necessária para atender as carências e necessidades de mercado.

APREENDIZADO DIGITAL E A ERA DAS NOVAS COMPETÊNCIAS

Você não está lendo errado: existe o verbo "apreender". Conforme Anastasiou (2009), o verbo aprender só ocorrerá se houver as ações e os movimentos de apreender, que quer dizer prender com força, energia, entender, assimilar e compreender mentalmente o que se procurou transmitir. Dentro de um processo de aprendizagem, o indivíduo consegue entender e compreender o que foi transmitido e ocorre a incorporação de algo a mais em seu ser, tornando-se parte integrante de seus conhecimentos e, portanto, aplicável em determinadas situações.

Tomemos como exemplo a área da medicina. O aluno fica um longo período, em tempo integral, assistindo às aulas teóricas, passando por uma série de situações e exercícios práticos, avaliações, laboratórios e discussões. Ao final, tem a residência obrigatória, em que poderá conviver com a prática e posteriormente procurar uma especialização para, então, ingressar no mercado de trabalho e atuar na sociedade como médico. Tudo isso devidamente formalizado por um conselho de classe.

O indivíduo não nasceu com os conhecimentos, as habilidades e as competências de um médico. Nem tampouco com seu discernimento técnico e humano perante um diagnóstico. Ele pode até ter certa aptidão natural, habilidades e interesse pela atividade profissional, mas, sem passar por todo esse processo, não terá condições plenas de exercê-la.

Dessa forma, percebe-se que há todo um conjunto de técnicas que visa incorporar o conhecimento ao aluno de medicina para que ele possa aprender e apreender os conhecimentos, criando competências e possibilitando que possa aplicá-los, de forma técnica e assertiva, em seus pacientes. Além disso, é notória a influência da TI na área da saúde, onde cada vez mais contribuiu para o diagnóstico, prevenção, cura e a aplicação de procedimentos, o que caracteriza a necessidade de, além dos importantes conteúdos técnicos, conhecimentos convergentes para a execução das boas práticas em saúde (Figura 8.3).

O apreender é muito mais que aprender da forma como estamos habituados a entender o processo de ensinamento. Envolve como o indivíduo aprende o que deve ser aprendido. Para o profissional de *Tech*, temos obviamente os conhecimentos profundos de sua área de atuação, da linguagem e detalhamentos específicos e operacionais, o que caracterizará a qualidade técnica de um projeto.

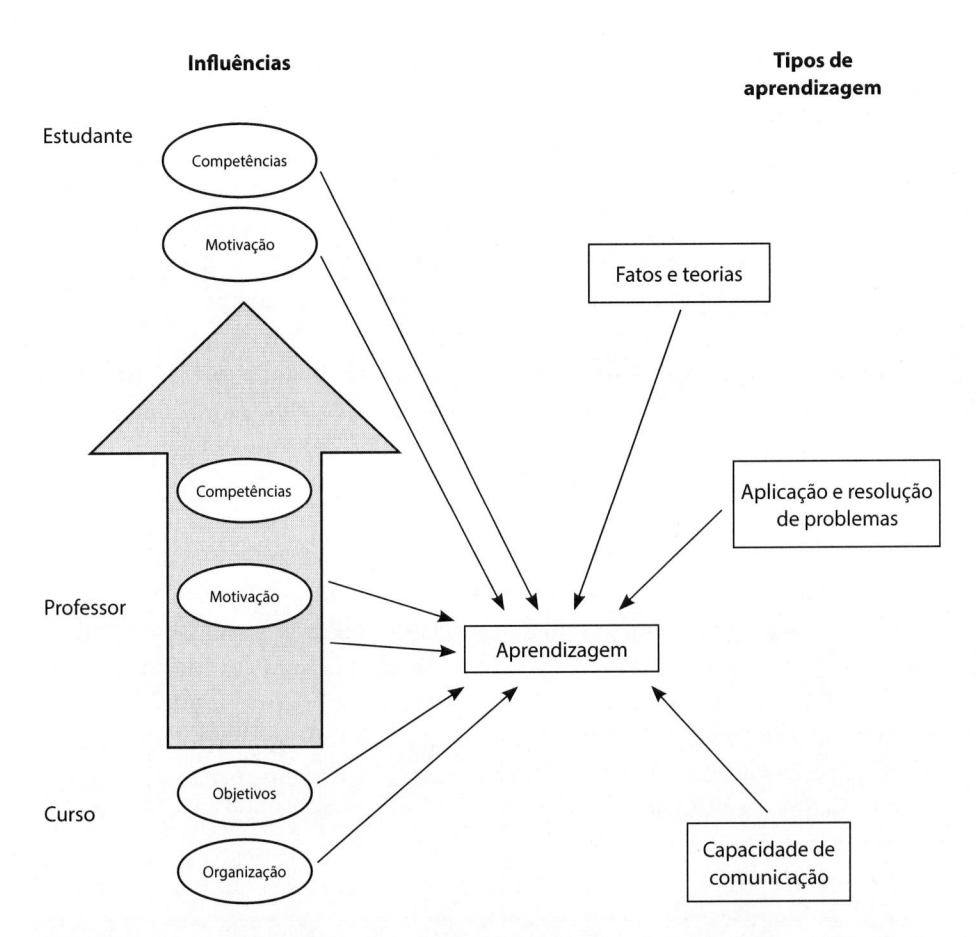

Figura 8.3 Fontes de influência na aprendizagem do estudante universitário. Fonte: Adaptada de Lowman (2003, p. 25) por Kuazaqui.

Esse profissional deve procurar a constante atualização e complementação de conhecimentos diversos, a partir de *life learning* e outros. Por outro lado, as IES devem procurar novas formas de construir e desenvolver conhecimentos, como os cursos vitalícios, novos formatos de aprendizado, entre outros.

Por outro lado, pelos desdobramentos empresariais, econômicos e até sociais, outros conhecimentos são necessários para a percepção dessa qualidade técnica, como *marketing* e gestão de processos e de pessoas, que conversará e criará a convergência necessária para que os projetos sejam realizados com sucesso. Pensando dessa forma, as competências recomendadas envolverão esta realidade.

Liderança

A liderança é uma das competências mais discutidas na atualidade. Envolve dois conceitos importantes – já comentados – e complementares: o *empowerment*, que é a capacidade de pessoas em delegar responsabilidades a terceiros, onde o líder democratiza suas atividades para liberar seu tempo para outras responsabilidades, e o *employeeship*, que é a capacidade e maturidade de pessoas em receber novas responsabilidades e agir de acordo com as metas, objetivos e resultados esperados.

Kofman (2018, p. 20), Vice-Presidente de Desenvolvimento Executivo do *Linkedin*, define liderança "como o processo pelo qual uma pessoa (líder) suscita o comprometimento íntimo dos outros (seguidores) a cumprir uma missão em sintonia com os valores do grupo".

Esse comprometimento é distinto do envolvimento, em que o colaborador é um mero subordinado e espectador do que está acontecendo; o comprometimento é estar e ser o responsável pelo atingimento das metas e objetivos.

A liderança então não inclui somente as relações entre as pessoas envolvendo a subordinação hierárquica e respectiva obediência, mas também como a equipe de colaboradores internos atende as solicitações de seus líderes e as transformam em promessas de execução. A área de Tecnologia da Informação envolve projetos e esses são criados e desenvolvidos por pessoas. Dessa forma, é um importante ativo de recursos estratégico.

Esses líderes estão devidamente reconhecidos pela empresa, de seus propósitos, valores e cultura. Palmer e Brake (2019, p. 29) afirmam que "no *Linkedin*, a cultura foi definida pela liderança, mas vivida e abraçada diariamente pelos funcionários".

Conforme Clements e Gido (2015, p. 307), "o gerente oferece liderança à equipe para atingir o objetivo". Ele deve ser um modelo, referência a ser seguida. Mais do que assegurar que as atividades operacionais sejam realizadas de acordo com o necessário, essa liderança deve motivar o grupo de colaboradores para que supere as possíveis limitações impostas pelo ambiente de negócios, como também dos recursos estratégicos da empresa, refletindo na qualidade percebida pelo cliente. E nesse processo estão incluídos o protagonismo e a descentralização do poder.

Tudo isso está relacionado à inteligência relacional, que é uma competência que consiste na mobilização de pessoas e recursos estratégicos para obter um futuro, baseado em um propósito e/ou causa. Essa capacidade está diretamente vinculada ao líder e outras pessoas da equipe conseguem identificar os diferentes grupos de interesse – aqueles que fazem parte e que podem influenciar nos resultados de seus negócios – e como criar e desenvolver fortes e duradouros vínculos cognitivos de relacionamentos.

Esses públicos com os respectivos vínculos franqueiam a entrada da empresa e de seus negócios e projetos, de forma com que esses sejam realizados com o devido engajamento da equipe a partir das melhores práticas e resultados.

Especificamente para o profissional da área de tecnologia, "liderar" significa engajar pessoas, projetos e situações, facilitando o trabalho de equipes multidisciplinares, para obter os resultados compatíveis com as dinâmicas das modernas organizações e da sociedade.

Identificação de problemas e desenvolvimento de soluções em Tecnologia da Informação

Identificação, reconhecimento, interpretação e análise de problemas é um processo sistêmico que deve existir em toda a organização. Mais do que ter uma postura reativa diante dos problemas que se apresentam, devem-se antecipar os problemas que porventura existirão e como influenciarão a empresa e seus negócios, de forma a desenhar as prováveis soluções que poderão reduzir e/ou mesmo eliminar seus impactos.

Problemas não são positivos ou negativos. São situações que ocorrem como resultado de uma cadeia de eventos. Uma empresa pode, pelos seus esforços, aumentar de forma significativa a venda de seus produtos e serviços e pensar somente nos resultados financeiros. Por outro lado, pode desenvolver programas que visem obter um CRM de forma a aprofundar os relacionamentos com seus clientes, gerenciar a carteira de clientes e mesmo identificar oportunidades inexploradas de negócios. Pensando desta forma, a tecnologia da informação pode ser o início, meio e fim de todo o processo de negócios. Envolve as relações de causa e efeito, do raciocínio lógico, mas passível de contemplações subjetivas.

Nessa competência convergem outras, como o empreendedorismo e a criatividade. O empreendedorismo reside na capacidade do indivíduo em empreender em um novo negócio, bem como na aplicação de suas práticas pessoais e profissionais. A aplicação pode estar presente no desenvolvimento de aplicativos que atendam demandas de necessidades não atendidas, bem como em novas formas de trabalhar e mesmo cumprir etapas de um processo. Já a criatividade está relacionada ao processo mental de pensar diferente e criar soluções diferenciadas para uma mesma situação. Importante ressaltar que o empreendedorismo e a criatividade podem ser os fomentadores das inovações (Figura 8.4).

O esquema da figura 8.4, em particular, está baseado nas premissas de que o profissional deve prospectar e implementar novas tecnologias visando com que a inovação se processe nas empresas e negócios. Essa realidade ainda está alicerçada com as questões e limitações éticas, morais e de segurança que os negócios exigem.

Raciocínio e pensamento lógico e sistêmico

Figura 8.4 Processo inovativo a partir da definição do problema. Fonte: Kuazaqui (2021).

Para o profissional de tecnologia, a identificação de problemas e desenvolvimento de soluções em TI é essencial para o pleno desenvolvimento de negócios de uma empresa, exigindo raciocínio lógico e pensamento sistêmico que possibilite o reconhecimento e a identificação de problemas, bem como a proposta de soluções. Há possibilidade de utilizar o empreendedorismo, a criatividade e os sensos crítico e sistêmico no atendimento de soluções para a empresa, seus negócios e mercado.

Empresadorismo digital

O empresadorismo envolve a vocação empreendedora – uma outra grande competência humana – com a formalização e responsabilidades empresariais. No Brasil, o nível de mortalidade de novas empresas é bastante significativo, uma vez que boa parte de seus fundadores não tem as competências necessárias para tocar o novo empreendimento, bem como não possuem conhecimentos específicos necessários em outras áreas do conhecimento, como finanças, por exemplo.

Geralmente, um negócio nasce a partir de uma boa ideia e o idealizador parte para montar seu negócio. Nesse sentido, pensa-se muito no negócio e por vezes sem refletir diretamente nas responsabilidades a serem assumidas, no planejamento e gestão necessários.

Um ponto fundamental se refere à gestão de pessoas. McGinnis (2018) afirma que, ao montar sua equipe de trabalho, essas devem entender que se tratará de relacionamentos de negócios de longo prazo. Envolve a situação que não deverá haver somente a contratação de colaboradores, mais atraí-los e engajá-los a partir de causas e outras motivações.

Avançando nesta discussão, o empresadorismo digital é o aprofundamento das relações entre a empresa e seu mercado, utilizando a tecnologia como meio e como fim. A tecnologia como meio requer um pessoal capaz de atender às diferentes demandas da empresa para adequar seus processos e práticas. A tecnologia como fim requer profissionais qualificados e gabaritados que visem pensar diferente seu negócio na busca de novas soluções empresariais.

Concluindo, se seu desejo ainda é ter um bom emprego, formal e bem remunerado, com horários efetivos de trabalho e sob subordinação de alguém, boa sorte! Caso contrário, se deseja manter perene sua empregabilidade, seja o gestor de sua carreira, crie desafios e oportunidades na empresa onde trabalha e/ou de forma liberal. Traga resultados para sua empresa e negócios!

> **Você sabia?**
>
> Não é só de preocupações corporativas que vivem as empresas. Segundo o Radar Febraban (s/d), 87% das empresas se preocupam com os compromissos social e ambiental de seus colaboradores.

NOVAS OPORTUNIDADES EM *TECH*

O futuro é agora, seja ele quando for. Em todas as áreas, atualmente, carreiras (e não necessariamente de um futuro que ainda não ocorreu) exigem o domínio digital. Antigas funções estão desaparecendo pela própria miopia das pessoas e outras estão surgindo de acordo com as novas demandas de mercado. Com o advento dos aplicativos, por exemplo, atividades como as dos taxistas foram rapidamente substituídas por outras mais práticas e adequadas aos novos tempos, como no caso do UBER. Na verdade, taxistas e esses aplicativos concorrem indiretamente: enquanto os taxistas se preocupam em transportar pessoas, o UBER está mais relacionado às questões voltadas para a mobilidade urbana. Pensando dessa forma, destacamos algumas oportunidades profissionais influenciadas pelo ambiente mais digitalizado.

Data scientist – cientista de dados

Com a evolução cada vez mais crescente do *Data Science*, *Big Data*, Inteligência Artificial e *Machine Learning*, as empresas começaram a perceber a necessidade de contratar profissionais cada vez mais capacitados e competentes para analisar grandes volumes de dados e informações, aplicáveis estrategicamente desde as logísticas interna e externa de uma empresa até o comportamento do mercado consumidor, em especial em setores econômicos de necessitem de grande competitividade.

Esses profissionais, com formação específica em Sistemas de Informação, Métodos Quantitativos e Engenharia, entre outras áreas do conhecimento, proporcionam importante apoio decisório a partir da análise de um problema definido e/ou oportunidade de negócios, utilizando métodos e ferramentas específicas que possibilitem coleta, tratamento, organização, combinação, interpretação, análise e simulação de cenários para a tomada de decisão.

Dois pontos são essenciais além dos citados: o desenvolvimento de estruturas organizacionais e sistemas que possibilitem o processamento desses dados e informação (modelo estatístico), que transformem em resultados (relatórios) que possam ser mais bem democratizados nos níveis hierárquicos da empresa. Além disso, formas de conciliar e modelar de preditivamente esses resultados com a formulação de problemas e oportunidades inexploradas – *design* de negócios e ciência de dados.

Devem-se tomar as devidas proporções quando nos referimos ao perfil do cientista de dados. Outros denominam como engenheiro de dados. Em geral, conhecimentos matemáticos e estatísticos são importantes para extrair os números e categorizá-los em relatórios; porém, ponto primordial é interpretar e analisar o que realmente esses números significam, pois dados não são simplesmente números estáticos, mas referências que carecem de um novo ou diferente olhar e que possam ser aplicados em benefícios aos negócios da empresa. **Dados são referências vivas.** Então, por que não categorizar o profissional em cientista de dados e cientista de negócios? O primeiro trata da captação e organização de dados, e o segundo, como utilizá-los em negócios, sejam eles quais forem.

Diretor de segurança de dados

Com o aumento da intensidade da circulação de dados e informações e a Lei Geral de Proteção de Dados (LGPD), tornou-se necessária uma preocupação maior com a segurança e privacidade da coleta e utilização de dados que circulam "teoricamente" livres nos diferentes ambientes, principalmente *on-line*, e como as empresas podem se resguardar de responsabilidades a partir da sua utilização. Pode ser um cargo em uma grande instituição, subordinada diretamente com a presidência ou mesmo como uma função compartilhada por um grupo de profissionais da empresa e mesmo externo, constituindo-se, nessa situação, como um *compliance*. Da mesma forma que as instituições financeiras devem manter controles e práticas que garantam a segurança de seus dados bem como de seus clientes, empresas de qualquer categoria devem implementar ações de controle e gestão de dados e informações próprios e de seus clientes, para salvaguardar sua imagem institucional e integridade ética nos negócios.

Chief technical officer

Aliada à evolução das tecnologias e das empresas se desenvolverem de forma competitiva, esse profissional tem como responsabilidade a gestão na implantação e desenvolvimento tecnológico na empresa onde atua, podendo ser preferencialmente um talento interno ou um colaborador externo. Esse profissional deve ter amplos e sólidos conhecimentos em Tecnologia da Informação, habilidades para trabalhar em equipes e competência em liderar pessoas e projetos. Deverá também ter a capacidade articulatória junto à empresa, para poder negociar recursos e insumos necessários para atender às diferentes demandas do mercado e da empresa.

Gestor de *cloud computer*

O que era uma tendência se solidificou com o aumento das atividades de *home office* decorrentes do isolamento social, aumentou a necessidade de gerenciamento de dados em nuvens, consistindo na análise, controle e gestão de dados em grandes volumes. Pode ser de responsabilidade interna, caso a empresa tenha disponíveis profissionais especializados, bem como a terceirização por meio de uma empresa parceira, para suportar e gerenciar um ambiente em *cloud*. Entre as responsabilidades, está a administração de sistemas, monitoramento e segurança. Como benefícios diretos, temos a realização de *backups* com segurança e integridade, atualizações automáticas de *softwares* e centralização de dados e informações, permitindo a aceleração digital, aumento da produtividade e flexibilidade de empresas diante de seus desafios externos e internos.

Gestor de mídias sociais

Com a evolução da tecnologia, das mídias sociais, as novas gerações e o enfraquecimento das mídias tradicionais, as redes sociais se tornaram um meio de relacionamentos social e profissional, atraindo os investimentos das empresas, que devem estar lá alocadas, bem como utilizar as ferramentas disponíveis de forma a ampliar suas visibilidades institucional e comercial.

Dessa forma, o gestor de mídias sociais será o principal responsável em entender cada rede social, que conteúdos serão introduzidos, de que maneira e principalmente para quem. Deve otimizar e explorar da melhor forma possível as páginas e os conteúdos das redes. Mais que aumentar a visibilidade, deve compreender de que forma pode obter o engajamento de seu público-alvo.

A formação preferencial é em *Marketing*, Relações Públicas e Jornalismo, com amplos conhecimentos de tecnologias e das novas tecnologias e ferramentas de comunicação digital.

Gestor de *mobile marketing*

As empresas necessitam ampliar e aproveitar todas as formas de contato com as empresas e carteira de clientes. Além das redes sociais, as empresas estão conectadas com o mercado de outras formas, como os dispositivos móveis. *Smartphones* e *tablets* se constituem como formas de comunicação entre os colaboradores de uma empresa, bem como com sua carteira de clientes, sendo inúmeras as oportunidades e situações de contatos e desenvolvimento de relacionamentos com seus clientes.

Gestor de *e-commerce*

O varejo virtual tem crescido de forma exponencial, seja pela praticidade, seja pela economia de recursos e melhoria da competitividade. Da mesma forma como tem crescido, também têm aumentado a complexidade, a necessidade de melhoria tecnológica e segurança, de forma a se tornar mais atuante no mercado.

Esse profissional tem como responsabilidades aumentar os resultados por meio do planejamento e execução de ações que possibilite o incremento dos relacionamentos comerciais na *internet*, bem como de um posicionamento mais sólido da empresa.

Programador de aplicativos

Embora os aplicativos sejam uma realidade já instalada, o mercado ainda possui espaço suficiente para atrair novos negócios e oportunidades de mercado. A partir da identificação de uma oportunidade inexplorada de mercado, é necessário desenvolver o aplicativo que deve estar sustentado por uma plataforma capaz de atender todas as exigências físicas e técnicas para suprir com qualidade a oportunidade inexplorada e a escalabilidade necessária.

A lógica de programação possibilita o desenvolvimento de sequências estruturadas (algoritmos) que irão nortear o mapa conceitual do aplicativo. A escolha da linguagem de programação vai depender do problema do consumidor a ser resolvido, do formato a ser oferecido, bem como a incorporação de novas tecnologias.

Um aplicativo não é limitado ao que foi concebido. Além da programação e desenvolvimento, temos outras atividades complementares que fortalecem e tornam perene essa atividade profissional.

Designer de realidade virtual

Esse profissional é responsável pelo *design* equilibrado com o conceito dos diferentes ambientes que compõem o ambiente virtual. Consiste na percepção do que o usuário deverá ver e o que está ao seu redor, com o atendimento das necessidades ergonômicas e conforto psicológico, possibilitando os resultados esperados. Embora a materialização seja realizada pelos óculos contextualizados com aplicativos, o objetivo é transferir o usuário para uma realidade virtual inusitada e diferente.

Apresentamos algumas oportunidades que estão despontando no mercado, ressaltando que essas oportunidades também estão relacionadas a quase todas que conhecemos, em diferentes níveis e intensidades.

Game designer

Gamificação é a prática de utilizar mecânicas de jogos em atividades diferentes, *non-games*, aumentando a participação e o engajamento dos participantes, por meio da curiosidade, desafio e recompensas, conforme analisado na Apresentação deste livro. Essas mecânicas tratam das formas como os participantes desenvolvem suas ações e, portanto, contextualizadas com lógicas individuais, grupais e processos decisórios. Dessa forma, a gamificação emigrou para a aplicação prática, dando oportunidade ao *game designer* nos seguintes ambientes:

Empresariais, utilizando a dinâmica de jogos para criar experiências e simulações a partir de teorias, como em disciplinas de Administração Financeira, Gestão de Negócios e Planejamento Estratégico. Por meio de simulações e aplicações, é possível experienciar situações cotidianas em ambientes corporativos e melhorar as capacidades individuais e de grupo.

Educacionais, para sucintar a reflexão individual e em grupo, dentro dos conceitos de Metodologias Ativas, melhorando o aprendizado dos estudantes. Por meio de jogos, é possível a abstração de situações que podem (ou não) comprovar as premissas educacionais diante dos objetivos de conteúdos e discussões.

Sociais, para trazer à tona discussões e reflexões sobre problemas e situações que envolvam a Sociedade e que conduzam nas propostas de soluções para a comunidade.

Jogos sempre existiram, como o de Damas, Xadrez e o Go, considerados tradicionais, porém a digitalização impulsionou a popularização de jogos, bem como a incorporação estratégica de *games* pela indústria cinematográfica e de entretenimento, conforme atesta Kuazaqui (2015). Outro ponto fundamental é que essa popularização impulsionou o mercado de *games*, sejam eles tradicionais, com alto nível de tecnologia ou mesmo como desdobramento comercial da indústria de entretenimento e cinematográfica.

O *designer* de *games* tem por responsabilidades o desenvolvimento de projetos de *games* que possibilitarão a criação e desenvolvimento de jogos em meios digitais, como celulares, computadores e *tablets*. É de sua responsabilidade e depende de sua criatividade a elaboração do *level design*, que tem por objetivo a construção de experiências que serão oferecidas ao jogador, como desafios. Envolve a argumentação (narrativa, ou seja, o roteiro das histórias), estética e como será realizada a interface na arquitetura do jogo.

Gestor de *compliance* e ética

A moral é parte integrante de qualquer sociedade e diretamente relacionada aos valores individuais e de grupo aceitos por determinada população. A ética está diretamente relacionada aos comportamentos e às ações corporativos. A ética deve fazer parte da cultura de negócios das empresas, propósitos, políticas e ferramentas, alicerçadas por um código de condutas. Nem sempre a qualificação necessária desse profissional envolve as ciências jurídicas, mas aquele que tenha conhecimentos e qualificação necessários para executar os movimentos de gestão.

Facilitador/professor/comunicador virtual

Não é objetivo deste item discutir a importância e a formação de um professor universitário ou mesmo daquele que pratica a Pedagogia Empresarial em ambiente empresarial, por meio de cursos e treinamentos *in company*, por exemplo. A ideia é discutir o perfil do professor, a partir da aceleração obrigatória da utilização de tecnologia e ferramentas digitais no processo de educação, ensino e aprendizagem. Com a COVID-19, o distanciamento social e até a possibilidade de *lockdown*, houve a ruptura das aulas e reuniões tradicionais pela utilização das ferramentas disponíveis como as do Zoom Video Communications, Inc., Cisco Webex Meetings e/ou mesmo o Google Meeting se tornaram opções importantes nessa situação de isolamento e distanciamento entre pessoas. Embora sejam decorrentes de situações contingenciais, o formato adotado, aulas virtuais se tornaram uma das formas mais viáveis e por que não dizer inteligente.

Embora muitas pessoas realizem críticas na adoção desse modelo de aula e/ou forma de comunicação, não devemos esquecer que os resultados a serem auferidos dependem, em muitos casos, da capacidade de professor/acilitador no uso das ferramentas digitais, bem como das metodologias ativas a serem incorporadas, sempre para obter a melhor *performance* de seus alunos e ouvintes. Por outro lado, não é de responsabilidade e/ou mesmo culpa das Instituições de Ensino Superior (IES) que parte de alunos não tenha todas as ferramentas e recursos tecnológicos mínimos necessários para receber e entender os conhecimentos que lhes estão sendo oferecidos.

Trata-se de um desafio constante, onde professores são educadores que tentam, por meio das ferramentas tecnológicas disponíveis e metodologias ativas múltiplas, a democratização de conhecimentos e oportunidades profissionais para um público heterogêneo, quanto à sua capacidade de reter conhecimentos e práticas que serão importantes para sua inserção social. Vale destacar que, no período de distanciamento social, muitos optaram pelo sistema híbrido, onde se tenta equacionar e equilibrar aulas e conteúdos *on-line*, com práticas presenciais, constituindo-se em um modelo híbrido de relacionamentos.

Conforme Roberto Carvalho Cardoso (2020), "Ainda estamos passando por um dos momentos mais complicados da humanidade, em que temos mais perguntas do que respostas. Entretanto, a história já nos ensinou que a Administração Profissional, séria e eficiente, é um dos pilares para a retomada de momentos difíceis e o alicerce para dias melhores".

Após o término da pandemia, irão continuar as formas incorporadas ao cotidiano pessoal, como o *home office*, os serviços de *delivery* e as reuniões profissionais e sociais. A verdade é que as soluções digitais continuarão com maior intensidade após a COVID-19, porém a presença pessoal e interação humanas são essenciais para que se preserve a humanidade e preservação da socialização. Faz parte de qualquer negócio, seja ele qual for.

ESPECIAL: *TECHER* – O PROFISSIONAL QUE FAZ A DIFERENÇA NA BUSCA DE SOLUÇÕES

Segundo reportagem e entrevista de Flávio Marques Azevedo ao jornal O Estado de São Paulo (2019), o mercado contemporâneo necessita de profissionais que vivam em um ambiente interativo e interdisciplinar, seja esse privado e/ou público. Esses profissionais de cursos de Sistemas de Informação devem estar bem próximos dos diferentes setores econômicos do País. Devem ter conhecimentos em programação, banco de dados, redes sociais e novas tecnologias, além de *marketing* e estratégias, por exemplo, que o tornam um profissional técnico e, ao mesmo tempo, com formação multidisciplinar.

Esse perfil está alinhado às recomendações do MEC referente ao perfil do egresso em Sistemas de Informação, bem como mais próximo ao que o mercado necessita: **um líder com os conhecimentos técnicos e humanos,**

> com formação interdisciplinar que dará maior oxigenação para as empresas e seus negócios. Seguindo como o Cientista de Dados, o *Techer* é um profissional mais completo e estará preparado para as empresas que optaram pela utilização da Tecnologia da Informação (TI) para a obtenção de sucesso.
>
> **E este último capítulo procura demonstrar a importância e significância desse profissional no contexto corporativo e sucesso em seus negócios.**

INSIGHTS E RECOMENDAÇÕES PESSOAIS E PROFISSIONAIS

Um dos pontos a serem amplamente discutidos está na seguinte questão: O que a empresa realmente procura? Por vezes, muitos estudos e formas de gestão induzem a que as empresas procurem seus melhores colaboradores internos, para propiciar uma administração mais dinâmica. Nesse sentido, deve ficar claro se a empresa procura Valor e/ou Desempenho? São dois termos importantes, pois:

Conhecimentos – condição de consciência própria, em que o indivíduo pode optar por soluções, dentro de um determinado ponto de vista particular, a partir de sua vivência e experiências pessoais e profissionais. Trata como, de forma cognitiva, realizar as associações entre fundamentos essenciais e experiências vividas.

Valor – métrica que serve como referência se o que está sendo entregue pela empresa e/ou profissional está de acordo com os atributos valorizados a quem está recebendo; portanto, seu maior ou menor valor está relacionado ao nível de satisfação decorrente de avaliações racionais e emocionais.

Desempenho – expectativa de resultado que se espera de uma pessoa ou equipamento/máquina. Está muito relacionado a um conjunto de níveis que a empresa identifica para graduar e comparar o que está sendo realizado com o esperado.

Existe a necessidade de parametrizar as capacidades da empresa, ou seja, que recursos dispõem, diante dos objetivos e metas. Fazendo uma comparação, o Google Tradutor é uma importante ferramenta para quem necessita traduzir textos e entender o que se propõem neles. Trata-se de um recurso disponível, entretanto, existe a possibilidade de possíveis erros de construção de frase e, nesse sentido, saindo da normalidade do que se espera.

Conforme tudo o que foi exposto, segue um resumo das recomendações para o aproveitamento das diversas oportunidades que a sociedade contemporânea está oferecendo.

Tenha propósitos – é fundamental que as pessoas tenham metas e objetivos, a partir de um futuro desejado. Com uma ideia de cenário futuro, as pessoas podem nortear seus passos a partir de um caminho provável. E nessa jornada procurar elementos que os motivem a prosseguir e sempre de forma mais rápida e dinâmica. Em caso de empresa, procure criar uma cultura organizacional que possibilite o direcionamento focado, como no caso do *Linkedin* (retratado no estudo de caso).

Não pense que o mundo gira ao seu redor – ele pode até girar, mas deve-se garantir que esse fato não faça com que você pense e principalmente se comporte como o centro de tudo, dono do poder e com o domínio de todas as situações. Você, com certeza, não terá, em muitos casos, a quem recorrer ou mesmo aconselhá-lo/alertá-lo.

Tenha propósitos humanos com foco no econômico – se você desempenhar de forma satisfatória suas responsabilidades profissionais, provavelmente terá recursos financeiros que poderão ser aplicados de forma social, envolvendo a filantropia, por exemplo, porém o que o motivará será a contribuição para a Sociedade e não os ganhos financeiros. Daí resulta a Responsabilidade Social de fato.

Desenvolva conteúdos multidisciplinares e interdisciplinares – procure a especialização, porém obtenha outros conhecimentos e práticas que se complementem e se estendam, bem como de outras áreas e ciências (interdisciplinares). Empresas como o Google procuram uma composição de colaboradores humanos internos, com a formação técnica em diferentes partes da tecnologia, bem como outras áreas do conhecimento humano, que possam convergir para os propósitos e objetivos de negócios da empresa.

Dispor de tecnologia que vise atender o mercado – muitas empresas a utilizam para suprir suas próprias necessidades e não com foco no negócio e seus consumidores. Como exemplo, a utilização de IA em alguns casos é aplicada para atender a falta de mão de obra, que leva o pobre do consumidor a ficar digitando eternamente opções e não sendo direcionado para aquela opção desejada e que trará a solução de seus problemas.

Pense como consumidor ao implantar o redesenhar seu ambiente digital – a intensidade tecnológica deve estar de acordo com as necessidades e características do mercado, diante dos recursos disponíveis, capacidades da empresa, bem como alinhada com os cargos, funções, práticas e responsabilidades da empresa. Esse redesenho envolve diferentes situações, como o perfil atual e desejado dos colaboradores internos organizacionais.

Capacitação de seus colaboradores internos – a qualificação é de responsabilidade do profissional, porém a empresa pode realizar a capacitação de seu público interno de acordo com o que considera importante para a entrega de valor aos consumidores. Nesse sentido, deve diferenciar a capacitação do treinamento. Este último geralmente está associado à repetição de atividades e tarefas, a fim de atender a processos, enquanto a capacitação está relacionada ao desenvolvimento de conhecimentos e aplicações mais amplos.

Em suma, Educação e Ensino são termos complementares e diferentes. O processo de educação leva as pessoas a pensarem e refletirem, transformando criticamente conhecimentos em práticas construtivas; já o ensino nos leva a apresentar conteúdos, muitas vezes já consagrados, e descrever como foram realizados para que futuramente possam ser replicados. Daí a diferenciação, mais uma vez, entre capacitação e treinamento.

A contribuição individual é importante e o trabalho em grupo essencial para o aproveitamento de diferentes formas de ser, pensar e agir, refletindo em uma forma disruptiva e inovadora de propostas de valor. Somam-se a essa realidade os conteúdos equilibrados de trazer resultados com segurança e bem-estar para a Sociedade.

Enfim, empresas devem aumentar a riqueza de seus proprietários e investidores. As principais questões estão relacionadas ao como, por que e para onde: a) o **Como** está relacionado às formas de como a empresa irá desenvolver e comercializar o que produz, sejam bens físicos e até mesmo conhecimentos, de forma ética e dentro de padrões politicamente aceitos pela comunidade; b) O **Por Que** não deve estar somente relacionado ao ganhar dinheiro, mas a outras associações humanas e racionais, desde motivações endógenas como o empreendedorismo e o intraempreendedorismo, satisfação pessoal, até as contribuições econômicas e sociais; c) finalmente, o **Para Onde**, ou seja, a quem serão direcionados os esforços que levarão ao sucesso o negócio. Com certeza, para a Sociedade, pessoas e investidores.

CONCLUSÕES

A transformação digital é uma realidade onde as empresas devem se ajustar e principalmente inovar em seus negócios e práticas. Mais do que um movimento reativo, deve fazer parte do processo proativo de inovações tecnológicas da empresa. A TI não tem o objetivo de eliminar o emprego, mas melhorar as formas de como o trabalho é executado.

É necessário que as empresas quebrem paradigmas e tentem repensar o que é realizado, reaprender e fazer diferente. Uma das principais peças está concentrada no profissional que, entre o perfil ideal, deve ter habilidades e principalmente competências humanas e profissionais que o destaque e que se torne o diferencial competitivo das empresas.

A Pós-Revolução Digital é o agora. Não se pode mais subestimar ou relevar a importância e influências da tecnologia em nossas vidas. Este capítulo procurou discutir as práticas de gestão de pessoas de forma mais contemporânea e instrumental, de forma a contribuir para o desenvolvimento do perfil profissional diante do ambiente e desafios tecnológicos.

> **Desafio:**
> Considerando a realidade brasileira, elenque os pontos fortes e fracos de sua empresa, para poder obter a liderança de negócios com a transformação digital. Elabore uma lista com as competências pessoais e profissionais necessárias.

■ QUESTÕES SOBRE O CAPÍTULO

As seguintes questões se referem aos conteúdos e discussões realizados neste capítulo:

1. Como os estudantes podem se preparar para os desafios e oportunidades da transformação digital?
2. Como as Instituições de Ensino Superior (IES) podem promover o desenvolvimento dos conhecimentos necessários para seus estudantes, de forma que os direcione para o mercado de trabalho?
3. Como as empresas podem superar os objetivos e desafios da transformação digital?
4. Como a cultura organizacional influencia as práticas de negócios em ambientes digitais?
5. O que difere as habilidades das competências? Que competências são relevantes levando-se em consideração a transformação digital?

■ QUESTÕES SOBRE O ESTUDO DE CASO (1): GOOGLE

As seguintes questões se referem ao estudo de caso sobre o Google, desenvolvido no item Perfis pessoal e profissional:

1. Como você descreveria o modo de ser da empresa?
2. Qual a importância de pessoas no sucesso da empresa?
3. O que diferencia a empresa de outros *sites* de busca?
4. Que desafios e oportunidades você visualiza a partir dos cenários atuais?
5. Que recomendações podem ser dadas para a empresa?

■ ESTUDO DE CASO (2): LINKEDIN

O Linkedin é uma das redes sociais mais conhecidas no mundo. Fundada em dezembro de 2002, conta como grande diferencial o foco seletivo na área profissional, possibilitando o cadastramento e a exposição individual, bem como a construção de redes de relacionamentos e conexões importantes para o desenvolvimento de carreira (Figura 8.5).

Figura 8.5 Linkedin. Fonte: Linkedin (2021).

Ao criar seu perfil nessa rede, o profissional pode informar, além dos dados normais, as competências nas quais deseja ser identificado e relacionado, bem como adicionar outras pessoas – contatos e/ou conexões –, que podem contribuir para seu desenvolvimento profissional. Empresas utilizam a rede como parte de seu processo seletivo, tanto na identificação, como na consulta e/ou monitoramento. Palmer e Blake (2019) atribuem parte do sucesso da rede na manutenção e fortalecimento da cultura organizacional. A rede em processo de crescimento contratou novos colaboradores internos, inclusive de empresas consideradas concorrentes e convergentes, como da Microsoft, Yahoo! e eBay, deixando claro no processo de contratação seus principais princípios e valores culturais, incorporados e sustentados com as reuniões gerais, assim como em programas de aprendizagem e desenvolvimento de pessoas.

■ QUESTÕES SOBRE O ESTUDO DE CASO (2): LINKEDIN

1. Explique as razões do sucesso do Linkedin.
2. Como as questões culturais interferem/influenciam no sucesso do negócio?
3. Que concorrentes diretos/indiretos e parceiros o negócio possui?
4. Essas razões podem ser reproduzidas com sucesso em qualquer outra rede social?
5. Como a rede pode evoluir, considerando as diversas mudanças e transformações ambientais?

■ ESTUDO DE CASO (3): *SALESFORCE TRAILHEAD* – CAPACITAÇÃO PROFISSIONAL *ON-LINE* E GRATUITA A SERVIÇO DA TRANSFORMAÇÃO DIGITAL

> *"Transformação Digital é o uso da tecnologia para melhorar de forma radical o desempenho e o alcance das empresas".*
>
> **Salesforce**

A Salesforce foi fundada nos Estados Unidos em 1999, por Marc Benioff, ex-executivo da gigante de tecnologia Oracle. Pioneira desde sua concepção como uma empresa que oferece tecnologia inovadora para Cloud e SaaS (Software as a Service). Isso porque até então as soluções de *softwares* de CRM (Customer Relationship Management) como o Siebel e SAP, líderes de mercado na época, eram oferecidas como produtos que necessitavam ser comprados pela organização, instalados e requeriam manutenção e atualização periódicas, ou seja, não estavam disponíveis *on-line*. Oferecer a solução de um *software* hospedado na nuvem e comercializado como um serviço foi uma grande quebra de paradigma no final dos anos 1990.

Passadas duas décadas, a Salesforce é atualmente a líder de mercado com o principal *software* de gestão de relacionamento de clientes do mundo, com participação de 17,3% do mercado, diante das gigantes como Oracle (5,5%), SAP (5,3%), Microsoft (3,5%) e Adobe (3,5%), sendo a solução de CRM utilizada por 99 entre as 100 maiores empresas globais, segundo dados do IDC. Presente no Brasil desde 2005, a empresa projeta no País um papel importante em sua estratégia de crescimento global com a prospecção de clientes e envolvimento de fornecedores e parceiros. Tal movimentação de negócios fez com que a empresa criasse a expressão "Economia Salesforce" para denominar o ecossistema de parceiros e clientes que orbitam em torno de seus negócios. A projeção é que a "Economia Salesforce" possa gerar 491 mil empregos diretos entre 2019 e 2024 e cerca de US$ 62 bilhões em receitas oriundas de novos negócios que envolvem computação em nuvem e principalmente novas tecnologias e serviços que vão desde *mobile*, redes sociais, *Internet* das Coisas, Inteligência Artificial e *Blockchain*.

> *"O maior benefício da Salesforce é que ela democratiza o conhecimento de tecnologia. Democratizar esse conhecimento será fundamental no futuro, o que significará que usar a ferramenta vai ser menos sobre saber codificar, menos programar, e mais fazer a orquestração das ferramentas".*
>
> **Fabio Costa, presidente da Salesforce do Brasil**

Mas como preparar as pessoas para essa transformação que o mercado atravessa? A ausência de talentos com a capacitação necessária é um desafio para pequenas empresas e grandes organizações. E pensando em como preencher essa lacuna, a Salesforce criou o *Trailhead*, uma plataforma de aprendizagem aberta, gratuita e *on-line*, com conteúdos de capacitação para que profissionais de todas as áreas possam atualizar suas habilidades em temas como CRM, *Marketing* Digital, *Customer Success*, Atendimento ao Cliente, *e-Commerce*, entre outros (Figura 8.6).

A plataforma pode ser acessada com cadastramento realizado diretamente na *home page* ou por meio de *login* com dados do Google ou Linkedin e permite realizar atividades *on-line* contemplando o usuário com a conquista de *badges* (distintivos ou divisas). Tanto as empresas que usam as soluções da Salesforce podem utilizar a plataforma como canal digital de treinamento e capacitação de seus colaboradores como um profissional que busca capacitação pode acessar a plataforma e iniciar os treinamentos a qualquer momento. Os *badges* e conquistas são adicionados ao perfil do usuário que poderá compartilhar por meio das redes sociais e acrescentar ao seu currículo como cursos ou capacitações realizadas. Portanto, uma empresa que utiliza o Salesforce poderia valorizar candidatos a uma vaga disponível que tivessem familiaridade com a ferramenta.

A plataforma é muito rica em conteúdo e atualizada constantemente. O conteúdo possui 195 trilhas de aprendizagem subdivididas em módulos e projetos que ajudam o usuário a aprender o máximo de conteúdo no menor tempo possível. O usuário poderá encontrar a trilha mais adequada ao seu perfil por meio de filtros, como demonstrado no quadro 8.1.

Figura 8.6 *Print screen home page Trailhead.* Fonte: https://trailhead.salesforce.com/pt-BR/home. Acesso em 29/06/2020.

Selecionando no filtro de trilhas as opções "Usuário Comercial" e "Iniciante", por exemplo, a primeira sugestão é a trilha "Acelere sua equipe de vendas com vendas em alta velocidade", que poderá recompensar o usuário com ponto na plataforma e indicar a estimativa de 1:40h para a conclusão dos 3 módulos que compõem a trilha (Figura 8.6): 1. noções básicas sobre o High Velocity Sales (300 pontos – 30 minutos); 2. vendas de alta velocidade para representantes de vendas (400 pontos – 35 minutos); 3. vendas de alta velocidade para gerentes de vendas (300 pontos – 35 minutos). O conteúdo de aprendizado é oferecido por meio de leituras, vídeos e testes (*quizz*).

Para usuários avançados ou que buscam desafios mais complexos, o *Trailhead* oferece os *Superbadges* que permitem aplicar as habilidades adquiridas em problemas reais com carga horária maior (a partir de 6 horas por atividade) e também maior premiação em pontos (a partir de 4.500 mil pontos por *superbad-*

Quadro 8.1 Filtro de trilhas/caminhos de aprendizagem com orientações.

Seu papel	Seu nível	Produtos	Marcas
Administrador	Iniciante	Commerce cloud	Apex
Usuário comercial	Intermediário	Community cloud	App logic
Desenvolvedor	Avançado	Education cloud	Banco de dados
		Einster analytics	Ciclo de vida do aplicativo
		Financial cloud	Data management
		Geral	Geral
		Health cloud	Heroku
		Lightning experience	Industries
		Markering cloud	Integration
		MuleSoft	Reporting
		Nonprofit cloud	Segurança
		Pardot	Visualforce
		Sales cloud	
		Salesforce IoT	
		Salesforce platform	
		Salesforce sucess cloud	

Fonte: https://trailhead.salesforce.com/pt-BR/trails. Acesso em 29/06/2020.

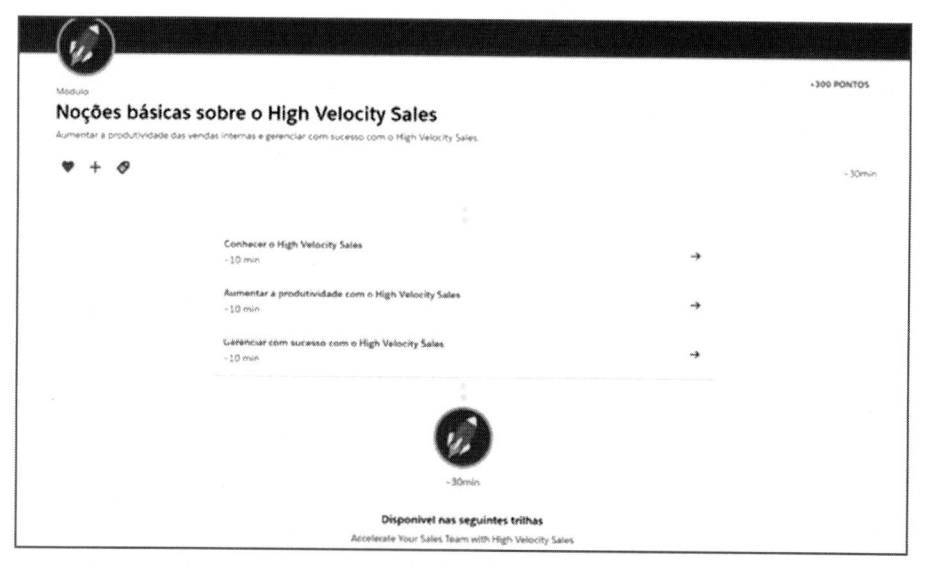

Figura 8.6 Módulo noções básicas sobre o *High Velocity Sales*. Fonte: https://trailhead.salesforce.com/pt-BR/content/learn/modules/high-velocity-sales?trail_id=accelerate-your-sales-team-with-high-velocity-sales. Acesso em 29/06/2020.

ge). Com os superconjuntos, você pode comprovar sua especialização em papéis específicos e dar o próximo passo para obter uma certificação e conseguir um cargo de topo.

Além de todos esses recursos, a plataforma permite que um gestor crie *Trailmixes*, que são como *playlists* de aprendizagem personalizada que podem fazer mais sentido para um projeto ou negócio específico; a Trailhead Academy, na qual especialistas da Salesforce compartilham experiências de aprendizagem presenciais e virtuais; a Comunidade Trailhead com a agenda de eventos, depoimentos inspiradores e grupos de discussão. Tudo isso e muito mais fazem da Salesforce e sua plataforma *Trailhead* um exemplo inspirador de empresa que promove a inclusão digital e contribui para a transformação digital dos mercados nos quais atua, um verdadeiro exemplo prático da frase "Faça as coisas de um jeito rápido, simples e direto", de Marc Benioff, o emblemático fundador e CEO da Salesforce.

■ QUESTÕES SOBRE O ESTUDO DE CASO (3): *TRAILHEAD SALESFORCE*

1. Descreva os paradigmas que foram quebrados pela Salesforce e o que a tornou uma empresa pioneira.
2. Em sua opinião quais são as vantagens do CRM SaaS para as soluções anteriores? Comente sua resposta.
3. Quais são as áreas que envolvem a chamada "Economia Salesforce" e por que podem movimentar tanto a economia como a empresa alega?
4. Faça o cadastro no Trailhead https://trailhead.salesforce.com/pt-BR/home e, a seguir, descreva suas primeiras impressões.
5. Se você fosse um gestor da área de CRM e precisasse criar um *trailmix* (*playlist* de aprendizagem personalizada), quais seriam as atividades fundamentais que você criaria para sua equipe?

REFERÊNCIAS

Anastasiou LGC, Alves LP. Processos de ensinagem na universidade: pressupostos para as estratégias de trabalho em aula. Joinville: Univille; 2009.

Brasil se destaca no Negócio da Salesforce e mantém expansão local. Disponível em: https://canaltech.com.br/negocios/brasil- de-destaca-no-negocio-da-salesforce-e-mantem--expansao-local- 155951/. Acesso em 29/06/2020.

Bustin G. Accountability: The key to driving a high-performance culture. New York: McGraw-Hill; 2014.

Cardoso RC. O mundo já era outro quando a pandemia chegou. Revista ADM PRO Administrador Profissional. Maio/Junho/2020, Ano 43 nº 394. São Paulo: Conselho Regional de Administração de São Paulo (CRA); 2020. p. 3.

Clements JP, Gido J. Gestão de projetos. São Paulo: Cengage; 2015.

Conheça a História da Salesforce, Líder no Mercado de Cloud Computing. Disponível em: https://blog.vindi.com.br/conheca-a-historia-da- salesforce-lider-no-mercado-de-cloud-computing/. Acesso em 29/06/2020.

Dhawan E, Joni S-N. Get big things done: the power of connectional intelligence. New York: St. Martin's Press, 2015.

Exame. Google complete 15 anos: confira a história da empresa. Disponível em: https://exame.abril.com.br/tecnologia/google-completa-15-anos-confira-a- historia-da-empresa/. Acesso em 18/11/2019.

Estadão O. Na ESPM um curso de graduação Tech. Disponível em http://patrocinados.estadao.com.br/guiadovestibular/2019/05/14/na-espm-um- curso-de-graduacao-tech/. Acesso em 27/11/2019.

Economia Salesforce busca gerar 491 mil empregos diretos no Brasil até 2024. Disponível em: https://computerworld.com.br/2019/11/24/economia-salesforce-busca-gerar-491-mil-empregos-diretos-no-brasil-ate-2024/. Acesso em 29/06/2020.

Exupéry A de S apud Kofman F. Liderança & propósito. O novo líder e o real significado do sucesso. Rio de Janeiro: Harper Collins; 2018.

Geus A de. A empresa viva. São Paulo: Campus; 1999.

Kofman Fred. Liderança & propósito. O novo líder e o real significado do sucesso. Rio de Janeiro: Harper Collins; 2018.

Kuazaqui E. Marketing cinematográfico e de games. São Paulo: Cengage; 2015.

Kuazaqui E, Correa CB Jr, Teramoto C, Nakagawa MH. Marketing para ambientes disruptivos. São Paulo: Literare; 2017.

Kuazaqui E, Haddad H, Marangoni MM. Gestão de Marketing 4.0. São Paulo: Atlas, 2019.

Kuazaqui E (Org), Correa CB Jr, Oliveira C, Saito CS, Figueiredo CC, Rodrigues F, et al. Administração por competências. São Paulo: Almedina; 2020.

Kuazaqui E. Profissionalização do chão de fábrica ou da lavoura ao ponto de venda (entrevista). Jornal O Globo. 04/07/2018.

Kuazaqui E (Org), Haddad H, Marangoni MM. Gestão de Marketing 4.0. Casos, modelos e ferramentas. São Paulo: Atlas; 2019.

Levy S. The internship. EUA, 2013 (DVD).

Linkedin. Disponível em: http://www.linkedin.com. Acesso em 02/04/2021.

Lowman J. Dominando as técnicas de ensino. 2ª ed. São Paulo, SP: Atlas; 2004.

McGinnis PJ. 10% Empreendedor. Viva seu sonho de abrir uma empresa mantendo-se no mercado de trabalho. São Paulo: 2018.

Ministério da Educação (MEC). Resolução nº 5, 16 de novembro de 2016. Disponível em: http://portal.mec.gov.br/index.php?option=com_docman&view=download&alias=52101-rces005-16-pdf&category_slug=novembro-2016-pdf&Itemid=30192. Acesso em 05/01/2020.

Palmer K, Blake DE. Expertise competitiva. Como as empresas mais inteligentes usam o aprendizado para engajar, competir e ter sucesso. Rio de Janeiro: Alta Books; 2019.

RADAR FEBRABAN. Febraban News. Disponível em Instagram. Acesso em 25/04/2021.

Rifkin J. O fim dos empregos. São Paulo: Makron Books; 1996.

Rosenberg J, Schimidt E. How Google works. New York: Grand Central Publishin 2016.

Salesforce Trail Head. Disponível em: https://trailhead.salesforce.com/pt-BR/home. Acesso em 29/06/2020.

Trailhead Center do Brasil. Disponível em: https://www.salesforce.com/br/blog/2019/07/trailhead-center-no-brasil.html. Acesso em 29/06/2020.